This Peyote Bead Graph Book Belongs to:

_____

Contents

Project Name _____ Theme _____ Page _____

Project Name _____ Theme _____ Page _____

Project Name _____ Theme _____ Page _____

Project Name _____ Theme _____ Page _____

Project Name _____ Theme _____ Page _____

Project Name _____ Theme _____ Page _____

Project Name _____ Theme _____ Page _____

Project Name _____ Theme _____ Page _____

Project Name _____ Theme _____ Page _____

Project Name _____ Theme _____ Page _____

Project Name _____ Theme _____ Page _____

Project Name _____ Theme _____ Page _____

Project Name _____ Theme _____ Page _____

Project Name _____ Theme _____ Page _____

Project Name _____ Theme _____ Page _____

Project Name _____ Theme _____ Page _____

Project Name _____ Theme _____ Page _____

Project Name _____ Theme _____ Page _____

Project Name _____ Theme _____ Page _____

Project Name _____ Theme _____ Page _____

Project Name _____ Theme _____ Page _____

Project Name _____ Theme _____ Page _____

Project Name _____ Theme _____ Page _____

Project Name _____ Theme _____ Page _____

Project Name _____ Theme _____ Page _____

Contents

Project Name _____ Theme _____ Page _____

Project Name _____ Theme _____ Page _____

Project Name _____ Theme _____ Page _____

Project Name _____ Theme _____ Page _____

Project Name _____ Theme _____ Page _____

Project Name _____ Theme _____ Page _____

Project Name _____ Theme _____ Page _____

Project Name _____ Theme _____ Page _____

Project Name _____ Theme _____ Page _____

Project Name _____ Theme _____ Page _____

Project Name _____ Theme _____ Page _____

Project Name _____ Theme _____ Page _____

Project Name _____ Theme _____ Page _____

Project Name _____ Theme _____ Page _____

Project Name _____ Theme _____ Page _____

Project Name _____ Theme _____ Page _____

Project Name _____ Theme _____ Page _____

Project Name _____ Theme _____ Page _____

Project Name _____ Theme _____ Page _____

Project Name _____ Theme _____ Page _____

Project Name _____ Theme _____ Page _____

Project Name _____ Theme _____ Page _____

Project Name _____ Theme _____ Page _____

Project Name _____ Theme _____ Page _____

Project Name _____ Theme _____ Page _____

Materials List

Project Title:_____

Start Date:_____ Finish Date:_____

Seed Beads:

Weight:_____ Size: _____ Bead Type: _____
Weight:_____ Size: _____ Bead Type: _____
Weight:_____ Size: _____ Bead Type: _____
Weight:_____ Size: _____ Bead Type: _____
Weight:_____ Size: _____ Bead Type: _____

Other Beads:

Weight:_____ Size: _____ Bead Type: _____
Weight:_____ Size: _____ Bead Type: _____
Weight:_____ Size: _____ Bead Type: _____

Thread:

Type:_____ Size: _____ Color: _____
Type:_____ Size: _____ Color: _____
Type:_____ Size: _____ Color: _____

Beading Needles:

Type:_____ Size: _____
Type:_____ Size: _____
Type:_____ Size: _____

Findings & Other Materials: (Jump Rings, Clasps, Suede, Leather & More)

_____
_____
_____
_____
_____

Project Title:_____ Theme:_____

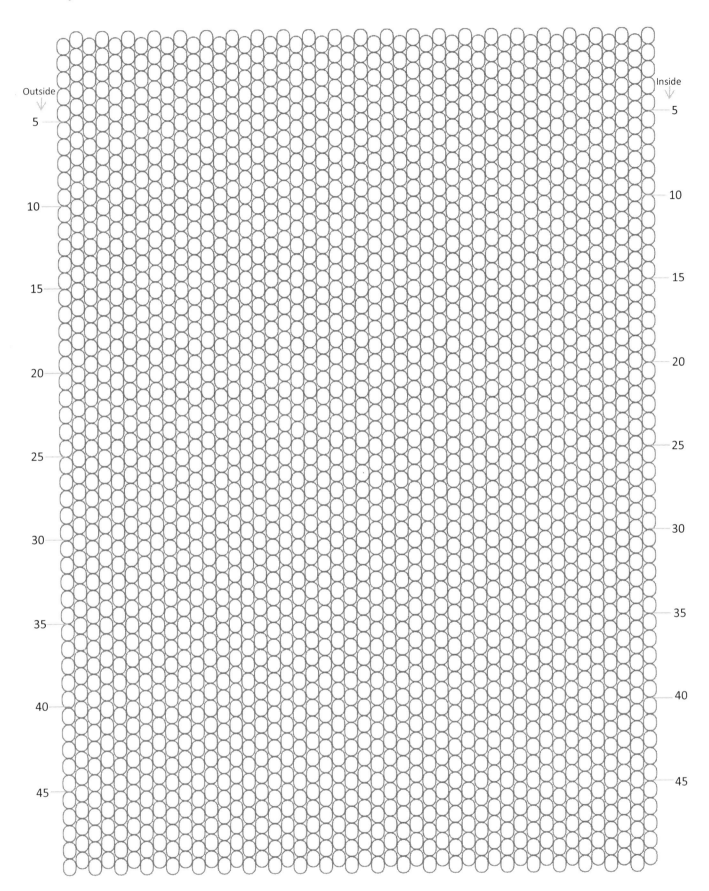

Materials List

Project Title:_____

Start Date:_____ Finish Date: _____

Seed Beads:

Weight:_____ Size: _____ Bead Type: _____
Weight:_____ Size: _____ Bead Type: _____
Weight:_____ Size: _____ Bead Type: _____
Weight:_____ Size: _____ Bead Type: _____
Weight:_____ Size: _____ Bead Type: _____

Other Beads:

Weight:_____ Size: _____ Bead Type: _____
Weight:_____ Size: _____ Bead Type: _____
Weight:_____ Size: _____ Bead Type: _____

Thread:

Type:_____ Size: _____ Color: _____
Type:_____ Size: _____ Color: _____
Type:_____ Size: _____ Color: _____

Beading Needles:

Type:_____ Size: _____
Type:_____ Size: _____
Type:_____ Size: _____

Findings & Other Materials: (Jump Rings, Clasps, Suede, Leather & More)

_____
_____
_____
_____

Project Title:_____ Theme:_____

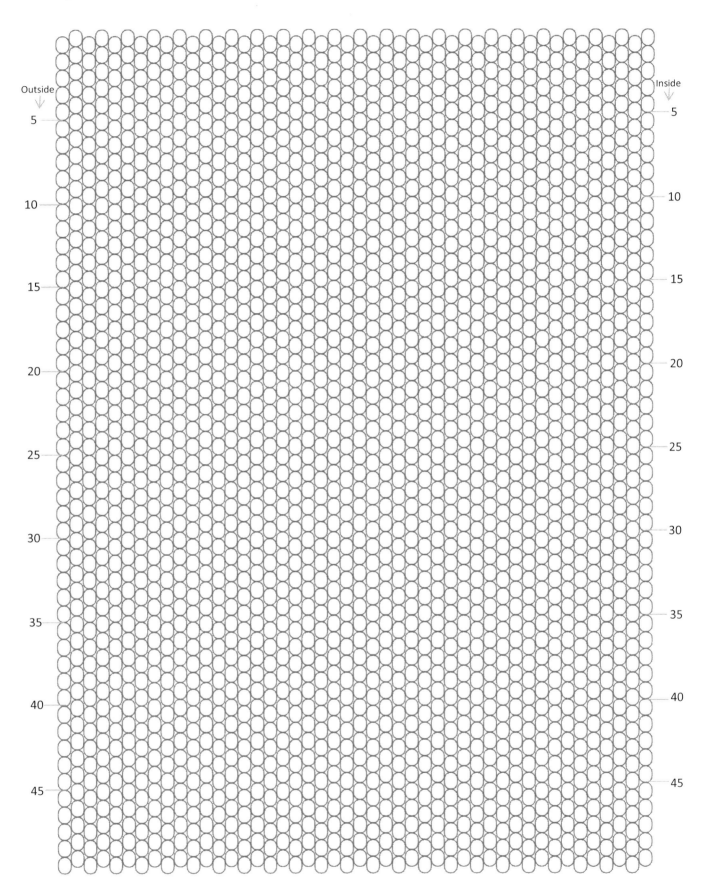

Materials List

Project Title:_____

Start Date:_____ Finish Date: _____

Seed Beads:

Weight:_____ Size: _____ Bead Type: _____
Weight:_____ Size: _____ Bead Type: _____
Weight:_____ Size: _____ Bead Type: _____
Weight:_____ Size: _____ Bead Type: _____
Weight:_____ Size: _____ Bead Type: _____

Other Beads:

Weight:_____ Size: _____ Bead Type: _____
Weight:_____ Size: _____ Bead Type: _____
Weight:_____ Size: _____ Bead Type: _____

Thread:

Type:_____ Size: _____ Color: _____
Type:_____ Size: _____ Color: _____
Type:_____ Size: _____ Color: _____

Beading Needles:

Type:_____ Size: _____
Type:_____ Size: _____
Type:_____ Size: _____

Findings & Other Materials: (Jump Rings, Clasps, Suede, Leather & More)

_____
_____
_____
_____
_____

Project Title:_____ Theme:_____

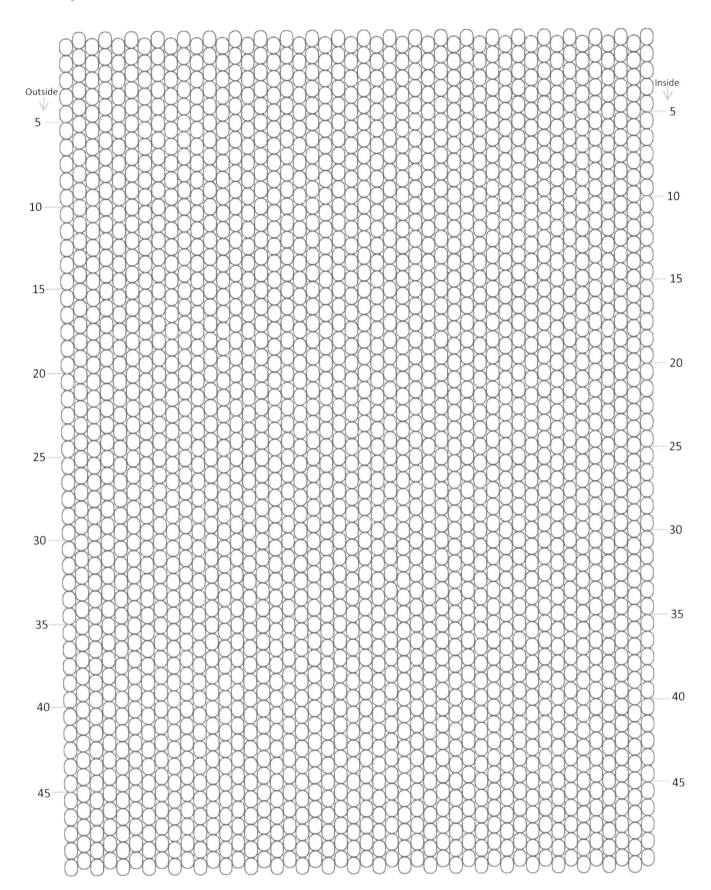

Materials List

Project Title:_____

Start Date:_____ Finish Date:_____

Seed Beads:

Weight:_____ Size: _____ Bead Type: _____
Weight:_____ Size: _____ Bead Type: _____
Weight:_____ Size: _____ Bead Type: _____
Weight:_____ Size: _____ Bead Type: _____
Weight:_____ Size: _____ Bead Type: _____

Other Beads:

Weight:_____ Size: _____ Bead Type: _____
Weight:_____ Size: _____ Bead Type: _____
Weight:_____ Size: _____ Bead Type: _____

Thread:

Type:_____ Size: _____ Color: _____
Type:_____ Size: _____ Color: _____
Type:_____ Size: _____ Color: _____

Beading Needles:

Type:_____ Size: _____
Type:_____ Size: _____
Type:_____ Size: _____

Findings & Other Materials: (Jump Rings, Clasps, Suede, Leather & More)

_____
_____
_____
_____
_____

Project Title:_____ Theme:_____

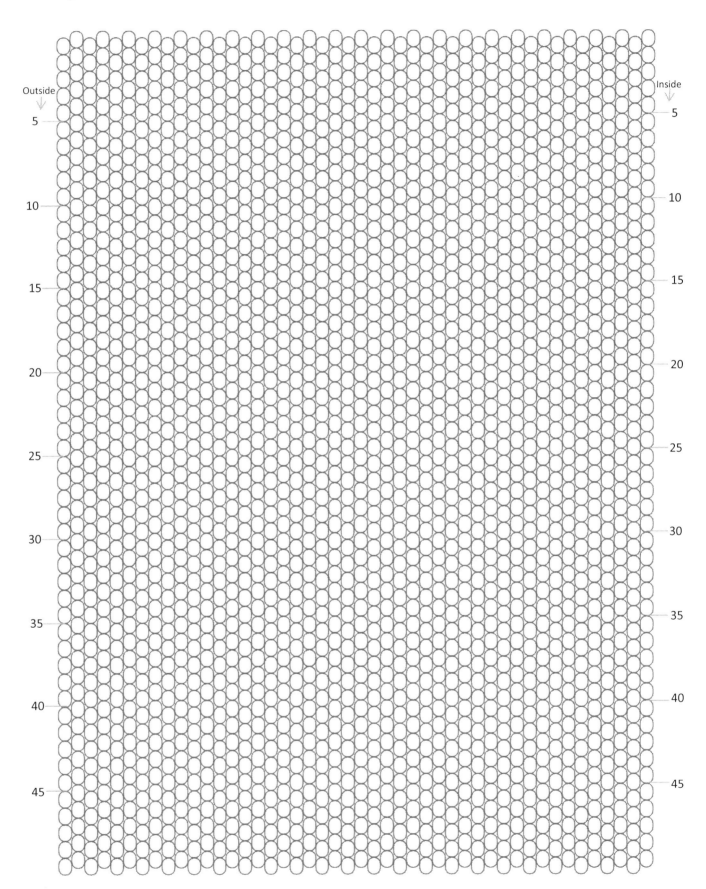

Materials List

Project Title:_____

Start Date:_____ Finish Date: _____

Seed Beads:

Weight:_____ Size: _____ Bead Type: _____
Weight:_____ Size: _____ Bead Type: _____
Weight:_____ Size: _____ Bead Type: _____
Weight:_____ Size: _____ Bead Type: _____
Weight:_____ Size: _____ Bead Type: _____

Other Beads:

Weight:_____ Size: _____ Bead Type: _____
Weight:_____ Size: _____ Bead Type: _____
Weight:_____ Size: _____ Bead Type: _____

Thread:

Type:_____ Size: _____ Color: _____
Type:_____ Size: _____ Color: _____
Type:_____ Size: _____ Color: _____

Beading Needles:

Type:_____ Size: _____
Type:_____ Size: _____
Type:_____ Size: _____

Findings & Other Materials: (Jump Rings, Clasps, Suede, Leather & More)

_____
_____
_____
_____
_____

Project Title:_____ Theme:_____

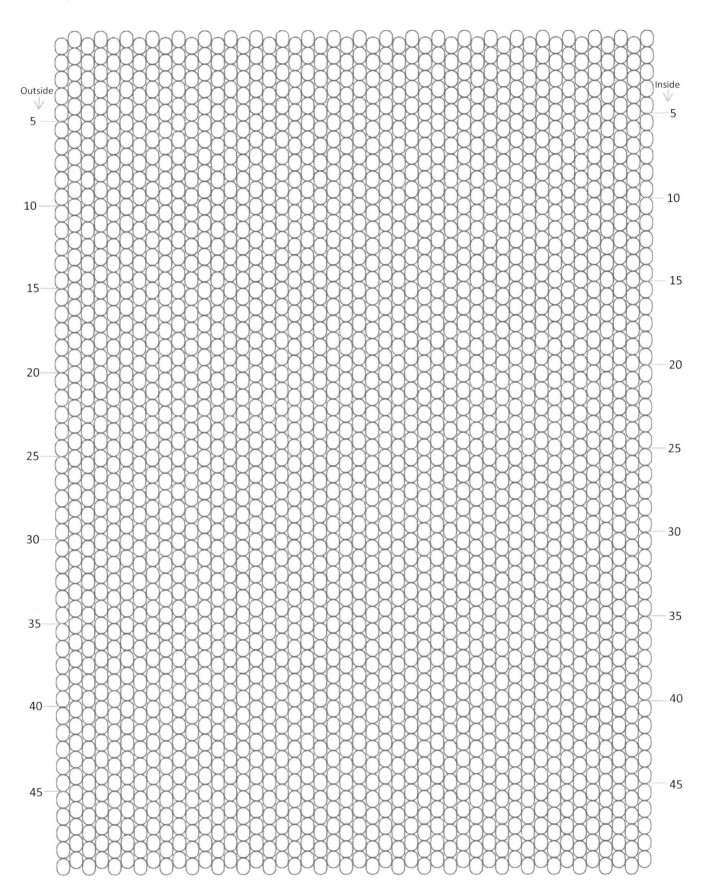

Materials List

Project Title:_____

Start Date:_____ Finish Date: _____

Seed Beads:

Weight:_____ Size: _____ Bead Type: _____
Weight:_____ Size: _____ Bead Type: _____
Weight:_____ Size: _____ Bead Type: _____
Weight:_____ Size: _____ Bead Type: _____
Weight:_____ Size: _____ Bead Type: _____

Other Beads:

Weight:_____ Size: _____ Bead Type: _____
Weight:_____ Size: _____ Bead Type: _____
Weight:_____ Size: _____ Bead Type: _____

Thread:

Type:_____ Size: _____ Color: _____
Type:_____ Size: _____ Color: _____
Type:_____ Size: _____ Color: _____

Beading Needles:

Type:_____ Size: _____
Type:_____ Size: _____
Type:_____ Size: _____

Findings & Other Materials: (Jump Rings, Clasps, Suede, Leather & More)

_____
_____
_____
_____
_____

Project Title:_____   Theme:_____

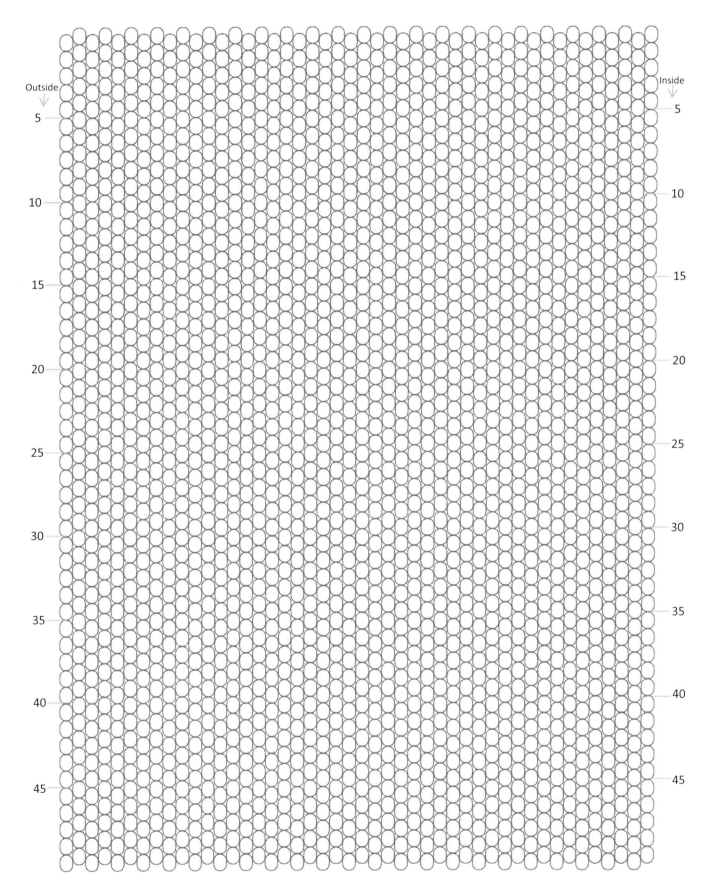

Materials List

Project Title:_____

Start Date:_____ Finish Date:_____

Seed Beads:

Weight:_____ Size:_____ Bead Type:_____
Weight:_____ Size:_____ Bead Type:_____
Weight:_____ Size:_____ Bead Type:_____
Weight:_____ Size:_____ Bead Type:_____
Weight:_____ Size:_____ Bead Type:_____

Other Beads:

Weight:_____ Size:_____ Bead Type:_____
Weight:_____ Size:_____ Bead Type:_____
Weight:_____ Size:_____ Bead Type:_____

Thread:

Type:_____ Size:_____ Color:_____
Type:_____ Size:_____ Color:_____
Type:_____ Size:_____ Color:_____

Beading Needles:

Type:_____ Size:_____
Type:_____ Size:_____
Type:_____ Size:_____

Findings & Other Materials: (Jump Rings, Clasps, Suede, Leather & More)

_____
_____
_____
_____
_____

*Project Title:*____________________ *Theme:*____________________

Outside
Inside
5
10
15
20
25
30
35
40
45

Materials List

Project Title:_____

Start Date:_____ Finish Date:_____

Seed Beads:

Weight:_____ Size: _____ Bead Type: _____
Weight:_____ Size: _____ Bead Type: _____
Weight:_____ Size: _____ Bead Type: _____
Weight:_____ Size: _____ Bead Type: _____
Weight:_____ Size: _____ Bead Type: _____

Other Beads:

Weight:_____ Size: _____ Bead Type: _____
Weight:_____ Size: _____ Bead Type: _____
Weight:_____ Size: _____ Bead Type: _____

Thread:

Type:_____ Size: _____ Color: _____
Type:_____ Size: _____ Color: _____
Type:_____ Size: _____ Color: _____

Beading Needles:

Type:_____ Size: _____
Type:_____ Size: _____
Type:_____ Size: _____

Findings & Other Materials: (Jump Rings, Clasps, Suede, Leather & More)

_____
_____
_____
_____
_____

Project Title:_____ Theme:_____

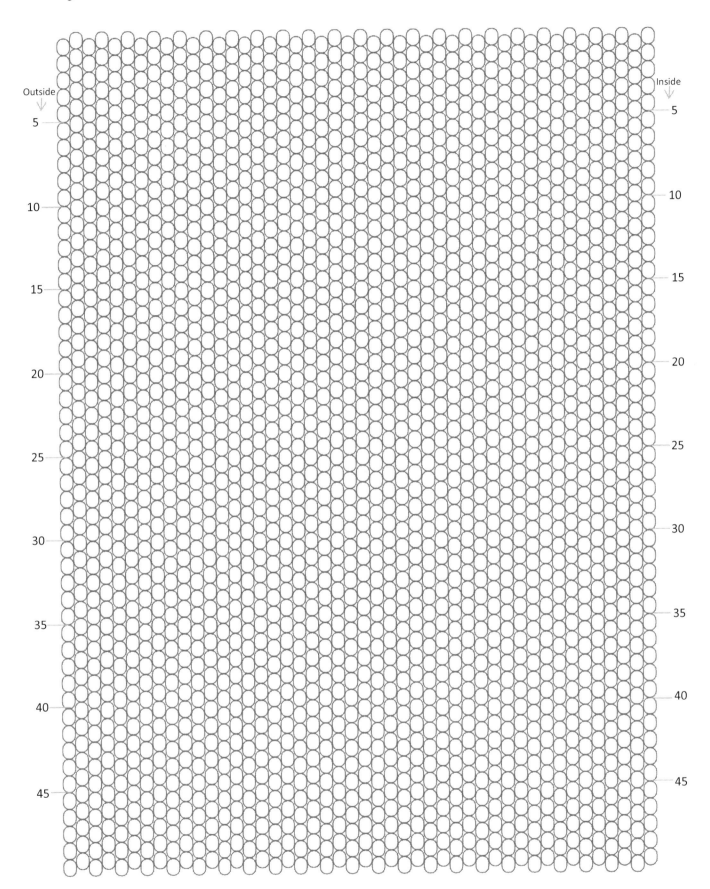

Materials List

Project Title:_____

Start Date:_____ Finish Date: _____

Seed Beads:

Weight:_____ Size: _____ Bead Type: _____
Weight:_____ Size: _____ Bead Type: _____
Weight:_____ Size: _____ Bead Type: _____
Weight:_____ Size: _____ Bead Type: _____
Weight:_____ Size: _____ Bead Type: _____

Other Beads:

Weight:_____ Size: _____ Bead Type: _____
Weight:_____ Size: _____ Bead Type: _____
Weight:_____ Size: _____ Bead Type: _____

Thread:

Type:_____ Size: _____ Color: _____
Type:_____ Size: _____ Color: _____
Type:_____ Size: _____ Color: _____

Beading Needles:

Type:_____ Size: _____
Type:_____ Size: _____
Type:_____ Size: _____

Findings & Other Materials: (Jump Rings, Clasps, Suede, Leather & More)

_____
_____
_____
_____
_____

Project Title:_____ Theme:_____

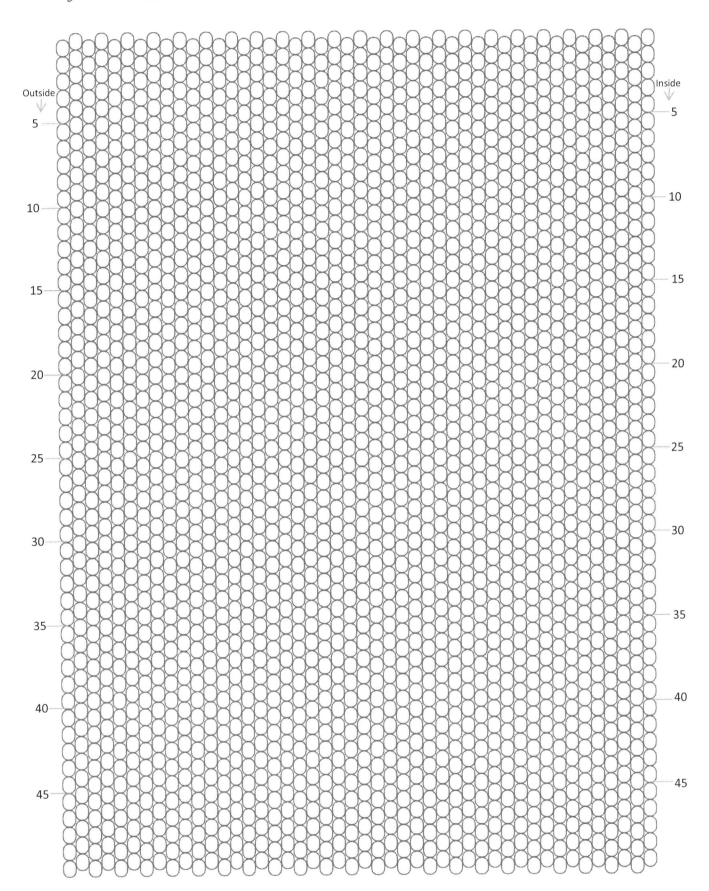

Materials List

Project Title:_____

Start Date:_____ Finish Date: _____

Seed Beads:

Weight:_____ Size: _____ Bead Type: _____
Weight:_____ Size: _____ Bead Type: _____
Weight:_____ Size: _____ Bead Type: _____
Weight:_____ Size: _____ Bead Type: _____
Weight:_____ Size: _____ Bead Type: _____

Other Beads:

Weight:_____ Size: _____ Bead Type: _____
Weight:_____ Size: _____ Bead Type: _____
Weight:_____ Size: _____ Bead Type: _____

Thread:

Type:_____ Size: _____ Color: _____
Type:_____ Size: _____ Color: _____
Type:_____ Size: _____ Color: _____

Beading Needles:

Type:_____ Size: _____
Type:_____ Size: _____
Type:_____ Size: _____

Findings & Other Materials: (Jump Rings, Clasps, Suede, Leather & More)

_____
_____
_____
_____
_____

*Project Title:*____________________ *Theme:*____________________

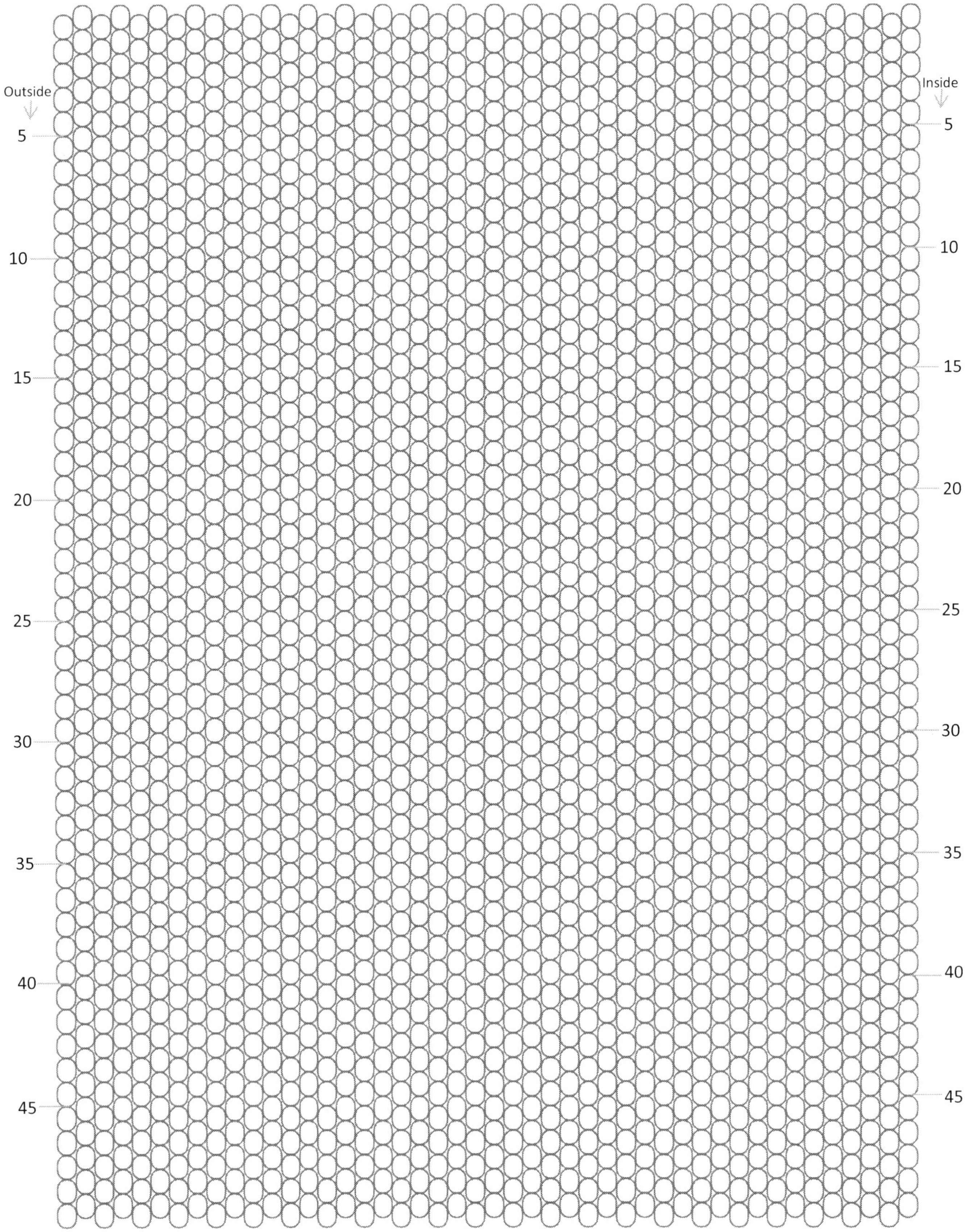
Outside
Inside
5
10
15
20
25
30
35
40
45

Materials List

Project Title:_____

Start Date:_____ Finish Date: _____

Seed Beads:

Weight:_____ Size: _____ Bead Type: _____
Weight:_____ Size: _____ Bead Type: _____
Weight:_____ Size: _____ Bead Type: _____
Weight:_____ Size: _____ Bead Type: _____
Weight:_____ Size: _____ Bead Type: _____

Other Beads:

Weight:_____ Size: _____ Bead Type: _____
Weight:_____ Size: _____ Bead Type: _____
Weight:_____ Size: _____ Bead Type: _____

Thread:

Type:_____ Size: _____ Color: _____
Type:_____ Size: _____ Color: _____
Type:_____ Size: _____ Color: _____

Beading Needles:

Type:_____ Size: _____
Type:_____ Size: _____
Type:_____ Size: _____

Findings & Other Materials: (Jump Rings, Clasps, Suede, Leather & More)

_____
_____
_____
_____
_____

Project Title:_____ Theme:_____

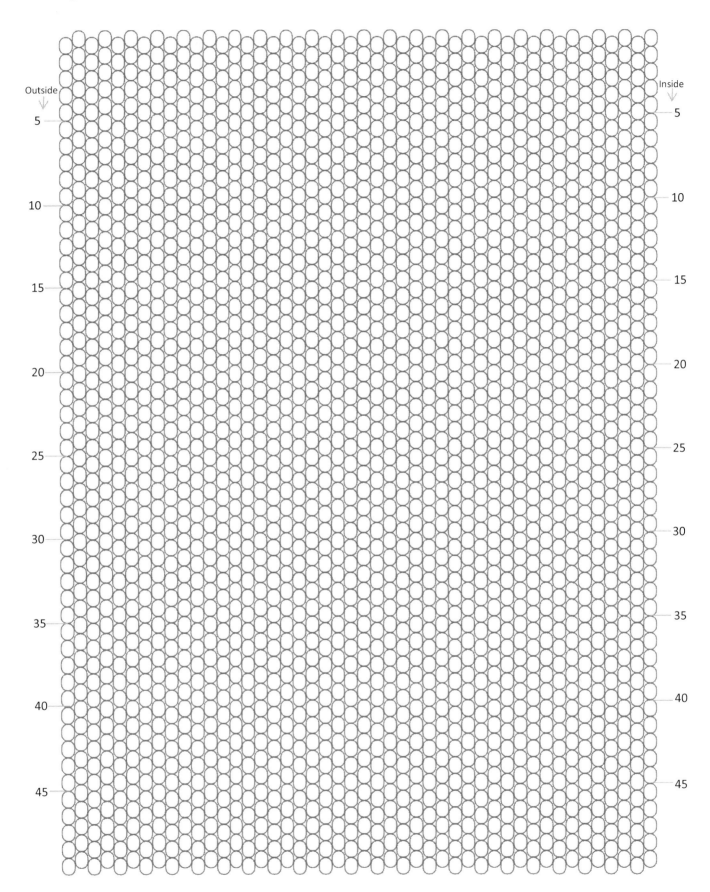

Materials List

Project Title:_____

Start Date:_____ Finish Date: _____

Seed Beads:

Weight:_____ Size: _____ Bead Type: _____
Weight:_____ Size: _____ Bead Type: _____
Weight:_____ Size: _____ Bead Type: _____
Weight:_____ Size: _____ Bead Type: _____
Weight:_____ Size: _____ Bead Type: _____

Other Beads:

Weight:_____ Size: _____ Bead Type: _____
Weight:_____ Size: _____ Bead Type: _____
Weight:_____ Size: _____ Bead Type: _____

Thread:

Type:_____ Size: _____ Color: _____
Type:_____ Size: _____ Color: _____
Type:_____ Size: _____ Color: _____

Beading Needles:

Type:_____ Size: _____
Type:_____ Size: _____
Type:_____ Size: _____

Findings & Other Materials: (Jump Rings, Clasps, Suede, Leather & More)

_____
_____
_____
_____
_____

Project Title:_____ Theme:_____

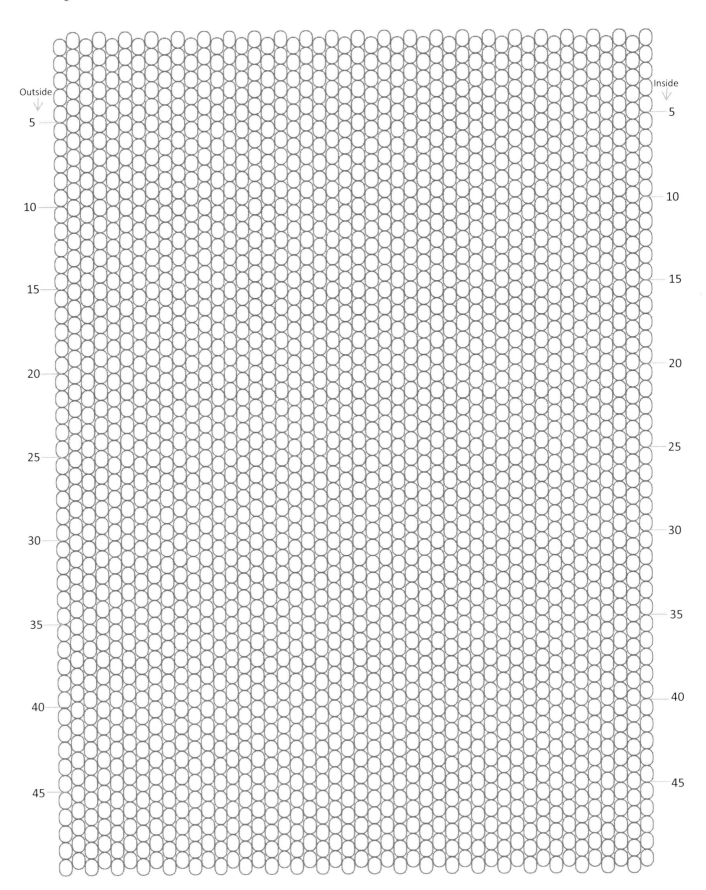

Materials List

Project Title:_____

Start Date:_____ Finish Date:_____

Seed Beads:

Weight:_____ Size:_____ Bead Type:_____
Weight:_____ Size:_____ Bead Type:_____
Weight:_____ Size:_____ Bead Type:_____
Weight:_____ Size:_____ Bead Type:_____
Weight:_____ Size:_____ Bead Type:_____

Other Beads:

Weight:_____ Size:_____ Bead Type:_____
Weight:_____ Size:_____ Bead Type:_____
Weight:_____ Size:_____ Bead Type:_____

Thread:

Type:_____ Size:_____ Color:_____
Type:_____ Size:_____ Color:_____
Type:_____ Size:_____ Color:_____

Beading Needles:

Type:_____ Size:_____
Type:_____ Size:_____
Type:_____ Size:_____

Findings & Other Materials: (Jump Rings, Clasps, Suede, Leather & More)

_____
_____
_____
_____
_____

Project Title:_____ Theme:_____

Outside ↓ | Inside ↓
5 | 5
10 | 10
15 | 15
20 | 20
25 | 25
30 | 30
35 | 35
40 | 40
45 | 45

Materials List

Project Title:_____

Start Date:_____ Finish Date:_____

Seed Beads:

Weight:_____ Size: _____ Bead Type: _____
Weight:_____ Size: _____ Bead Type: _____
Weight:_____ Size: _____ Bead Type: _____
Weight:_____ Size: _____ Bead Type: _____
Weight:_____ Size: _____ Bead Type: _____

Other Beads:

Weight:_____ Size: _____ Bead Type: _____
Weight:_____ Size: _____ Bead Type: _____
Weight:_____ Size: _____ Bead Type: _____

Thread:

Type:_____ Size: _____ Color: _____
Type:_____ Size: _____ Color: _____
Type:_____ Size: _____ Color: _____

Beading Needles:

Type:_____ Size: _____
Type:_____ Size: _____
Type:_____ Size: _____

Findings & Other Materials: (Jump Rings, Clasps, Suede, Leather & More)

_____
_____
_____
_____
_____

Project Title:_____ Theme:_____

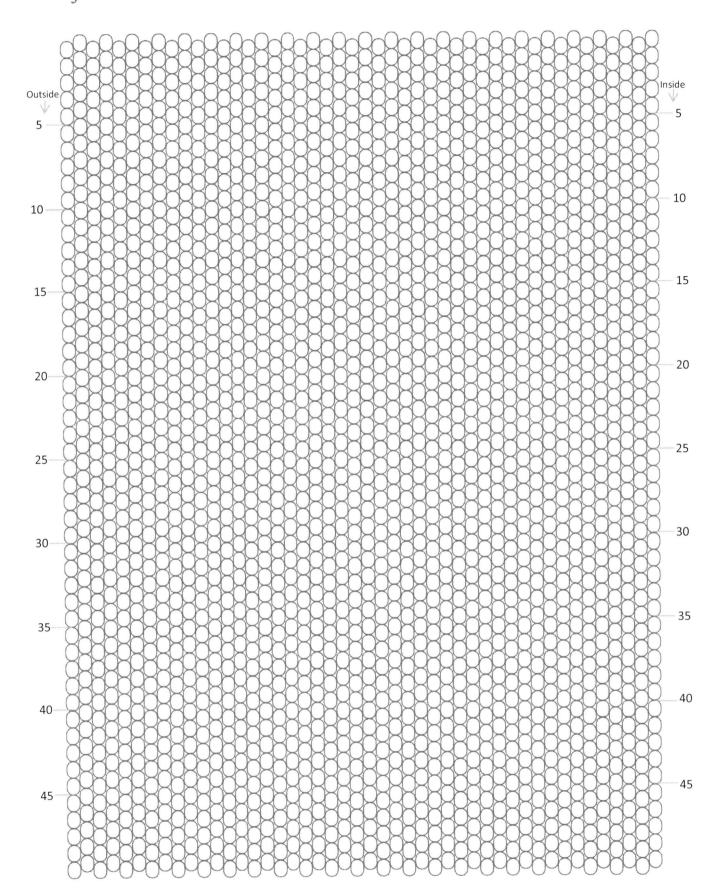

Materials List

Project Title:_____

Start Date:_____   Finish Date:_____

Seed Beads:

Weight:_____ Size:_____ Bead Type:_____
Weight:_____ Size:_____ Bead Type:_____
Weight:_____ Size:_____ Bead Type:_____
Weight:_____ Size:_____ Bead Type:_____
Weight:_____ Size:_____ Bead Type:_____

Other Beads:

Weight:_____ Size:_____ Bead Type:_____
Weight:_____ Size:_____ Bead Type:_____
Weight:_____ Size:_____ Bead Type:_____

Thread:

Type:_____ Size:_____ Color:_____
Type:_____ Size:_____ Color:_____
Type:_____ Size:_____ Color:_____

Beading Needles:

Type:_____ Size:_____
Type:_____ Size:_____
Type:_____ Size:_____

Findings & Other Materials: (Jump Rings, Clasps, Suede, Leather & More)

_____
_____
_____
_____
_____

Project Title:_____ Theme:_____

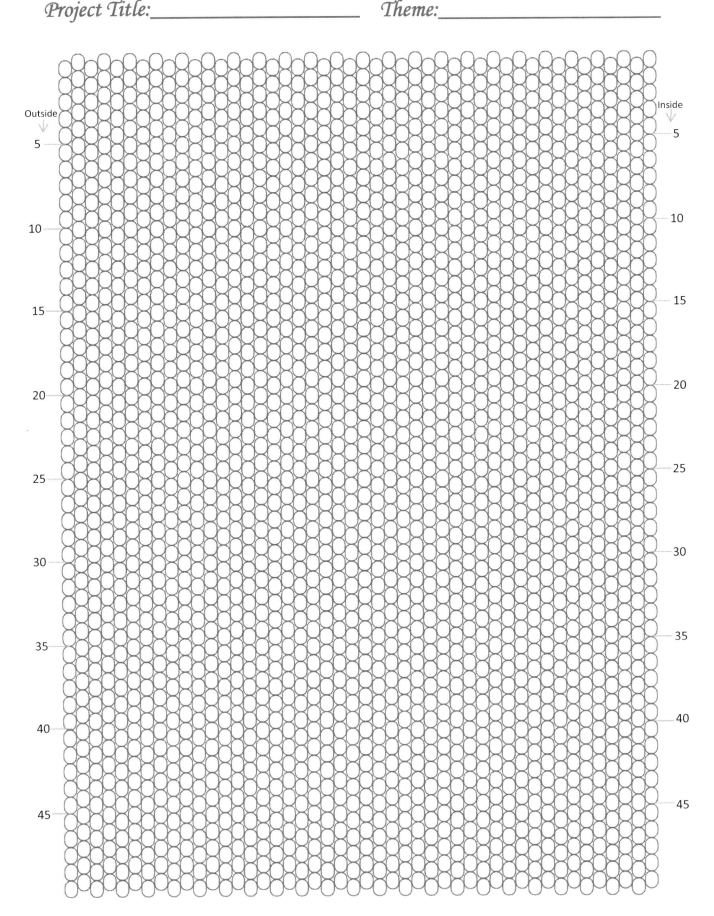

Materials List

Project Title:_____

Start Date:_____ Finish Date: _____

Seed Beads:

Weight:_____ Size: _____ Bead Type: _____
Weight:_____ Size: _____ Bead Type: _____
Weight:_____ Size: _____ Bead Type: _____
Weight:_____ Size: _____ Bead Type: _____
Weight:_____ Size: _____ Bead Type: _____

Other Beads:

Weight:_____ Size: _____ Bead Type: _____
Weight:_____ Size: _____ Bead Type: _____
Weight:_____ Size: _____ Bead Type: _____

Thread:

Type:_____ Size: _____ Color: _____
Type:_____ Size: _____ Color: _____
Type:_____ Size: _____ Color: _____

Beading Needles:

Type:_____ Size: _____
Type:_____ Size: _____
Type:_____ Size: _____

Findings & Other Materials: (Jump Rings, Clasps, Suede, Leather & More)

_____
_____
_____
_____
_____

Project Title:_____ Theme:_____

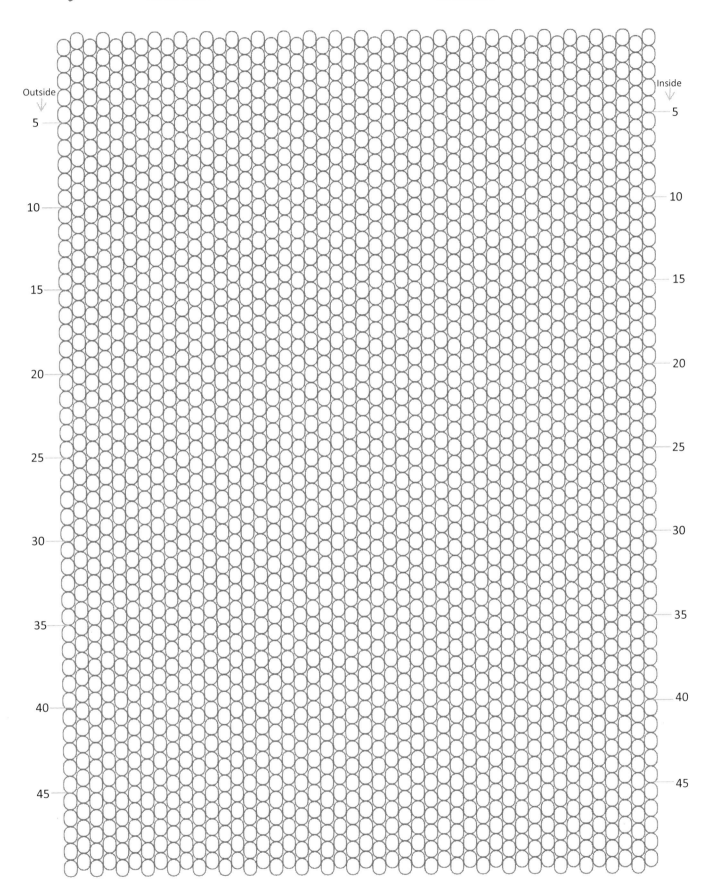

Materials List

Project Title:_____

Start Date:_____ Finish Date: _____

Seed Beads:

Weight:_____ Size: _____ Bead Type: _____
Weight:_____ Size: _____ Bead Type: _____
Weight:_____ Size: _____ Bead Type: _____
Weight:_____ Size: _____ Bead Type: _____
Weight:_____ Size: _____ Bead Type: _____

Other Beads:

Weight:_____ Size: _____ Bead Type: _____
Weight:_____ Size: _____ Bead Type: _____
Weight:_____ Size: _____ Bead Type: _____

Thread:

Type:_____ Size: _____ Color: _____
Type:_____ Size: _____ Color: _____
Type:_____ Size: _____ Color: _____

Beading Needles:

Type:_____ Size: _____
Type:_____ Size: _____
Type:_____ Size: _____

Findings & Other Materials: (Jump Rings, Clasps, Suede, Leather & More)

_____
_____
_____
_____
_____

Project Title:_____   Theme:_____

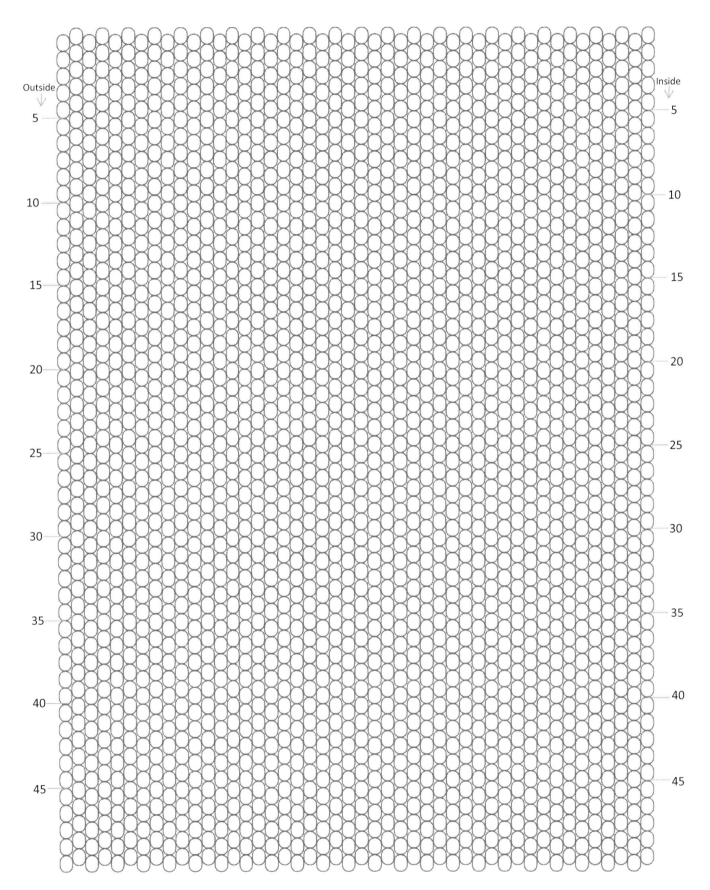

Materials List

Project Title:_____

Start Date:_____ Finish Date: _____

Seed Beads:

Weight:_____ Size: _____ Bead Type: _____
Weight:_____ Size: _____ Bead Type: _____
Weight:_____ Size: _____ Bead Type: _____
Weight:_____ Size: _____ Bead Type: _____
Weight:_____ Size: _____ Bead Type: _____

Other Beads:

Weight:_____ Size: _____ Bead Type: _____
Weight:_____ Size: _____ Bead Type: _____
Weight:_____ Size: _____ Bead Type: _____

Thread:

Type:_____ Size: _____ Color: _____
Type:_____ Size: _____ Color: _____
Type:_____ Size: _____ Color: _____

Beading Needles:

Type:_____ Size: _____
Type:_____ Size: _____
Type:_____ Size: _____

Findings & Other Materials: (Jump Rings, Clasps, Suede, Leather & More)

_____
_____
_____
_____
_____

*Project Title:*____________________ *Theme:*____________________

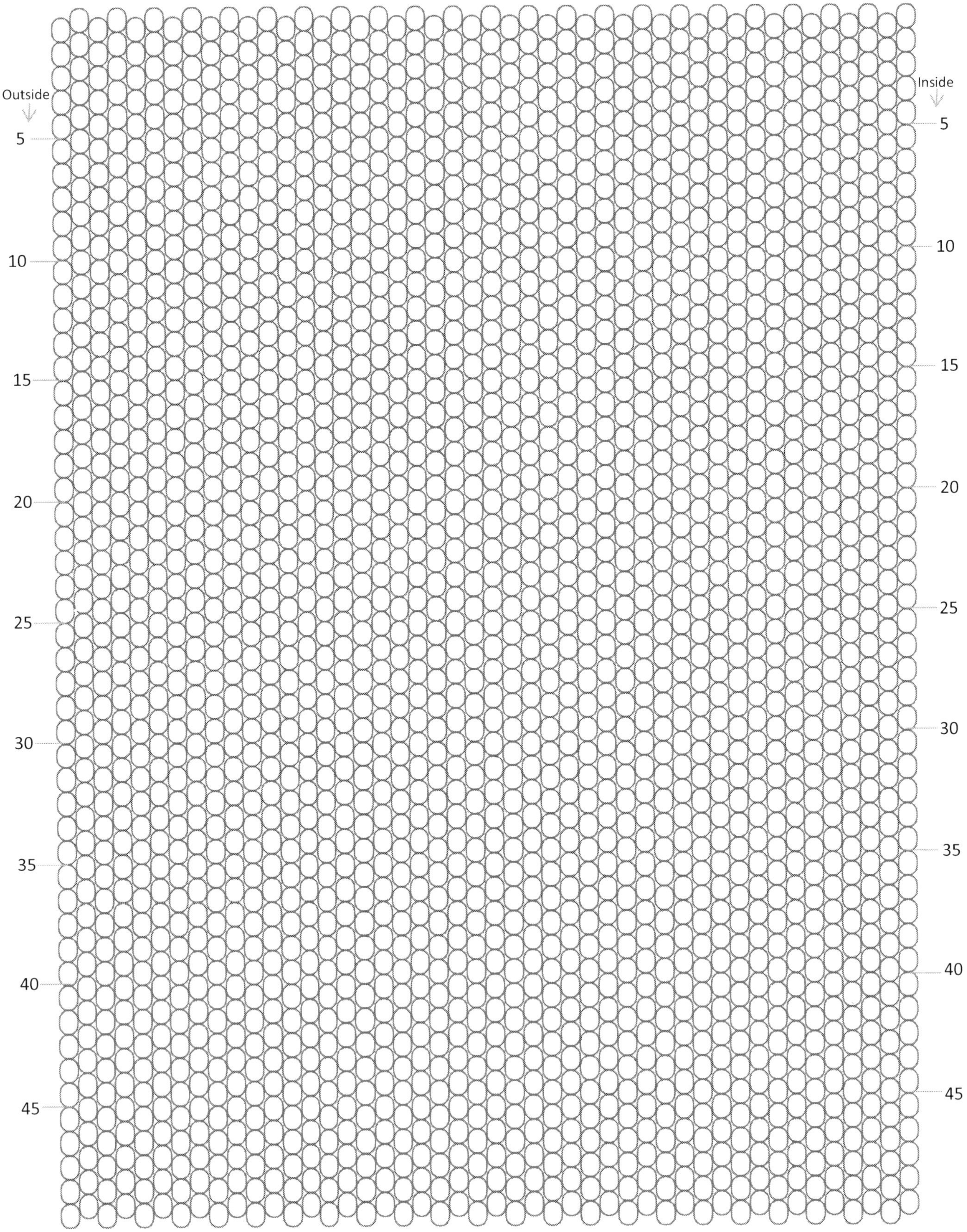
Outside
Inside
5
10
15
20
25
30
35
40
45

Materials List

Project Title:_____

Start Date:_____   Finish Date: _____

Seed Beads:

Weight:_____ Size: _____ Bead Type: _____
Weight:_____ Size: _____ Bead Type: _____
Weight:_____ Size: _____ Bead Type: _____
Weight:_____ Size: _____ Bead Type: _____
Weight:_____ Size: _____ Bead Type: _____

Other Beads:

Weight:_____ Size: _____ Bead Type: _____
Weight:_____ Size: _____ Bead Type: _____
Weight:_____ Size: _____ Bead Type: _____

Thread:

Type:_____ Size: _____ Color: _____
Type:_____ Size: _____ Color: _____
Type:_____ Size: _____ Color: _____

Beading Needles:

Type:_____ Size: _____
Type:_____ Size: _____
Type:_____ Size: _____

Findings & Other Materials: (Jump Rings, Clasps, Suede, Leather & More)

_____
_____
_____
_____
_____

Project Title:_____ Theme:_____

Outside ↓   Inside ↓
5   5
10   10
15   15
20   20
25   25
30   30
35   35
40   40
45   45

Materials List

Project Title:_____

Start Date:_____   Finish Date: _____

Seed Beads:

Weight:_____ Size: _____ Bead Type: _____
Weight:_____ Size: _____ Bead Type: _____
Weight:_____ Size: _____ Bead Type: _____
Weight:_____ Size: _____ Bead Type: _____
Weight:_____ Size: _____ Bead Type: _____

Other Beads:

Weight:_____ Size: _____ Bead Type: _____
Weight:_____ Size: _____ Bead Type: _____
Weight:_____ Size: _____ Bead Type: _____

Thread:

Type:_____ Size: _____ Color: _____
Type:_____ Size: _____ Color: _____
Type:_____ Size: _____ Color: _____

Beading Needles:

Type:_____ Size: _____
Type:_____ Size: _____
Type:_____ Size: _____

Findings & Other Materials: (Jump Rings, Clasps, Suede, Leather & More)

_____
_____
_____
_____

Project Title:____________________ Theme:____________________

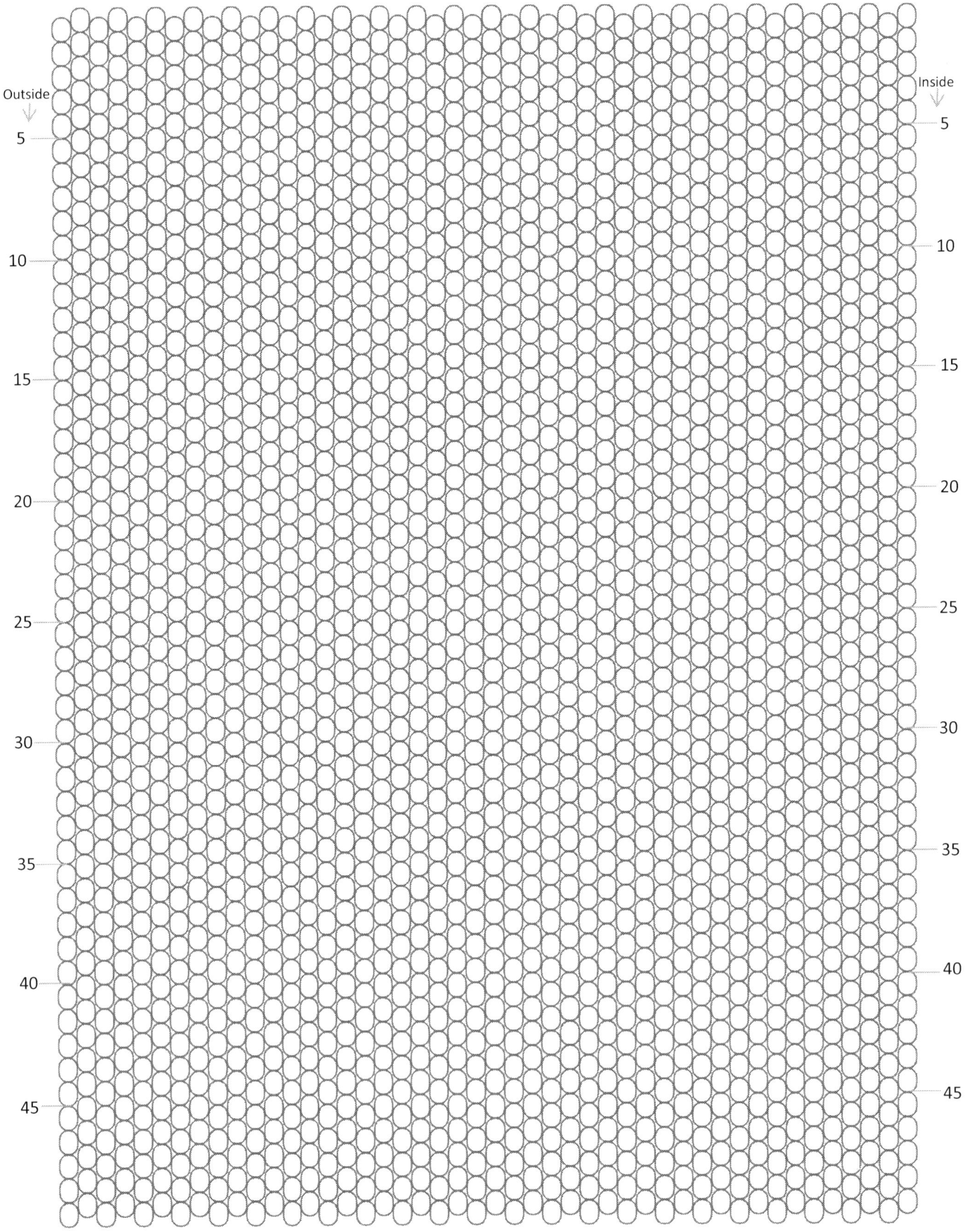
Outside
Inside
5
10
15
20
25
30
35
40
45

 # Materials List

Project Title:_____

Start Date:_____ Finish Date: _____

Seed Beads:

Weight:_____ Size: _____ Bead Type: _____
Weight:_____ Size: _____ Bead Type: _____
Weight:_____ Size: _____ Bead Type: _____
Weight:_____ Size: _____ Bead Type: _____
Weight:_____ Size: _____ Bead Type: _____

Other Beads:

Weight:_____ Size: _____ Bead Type: _____
Weight:_____ Size: _____ Bead Type: _____
Weight:_____ Size: _____ Bead Type: _____

Thread:

Type:_____ Size: _____ Color: _____
Type:_____ Size: _____ Color: _____
Type:_____ Size: _____ Color: _____

Beading Needles:

Type:_____ Size: _____
Type:_____ Size: _____
Type:_____ Size: _____

Findings & Other Materials: (Jump Rings, Clasps, Suede, Leather & More)

_____
_____
_____
_____
_____

Project Title:_____ Theme:_____

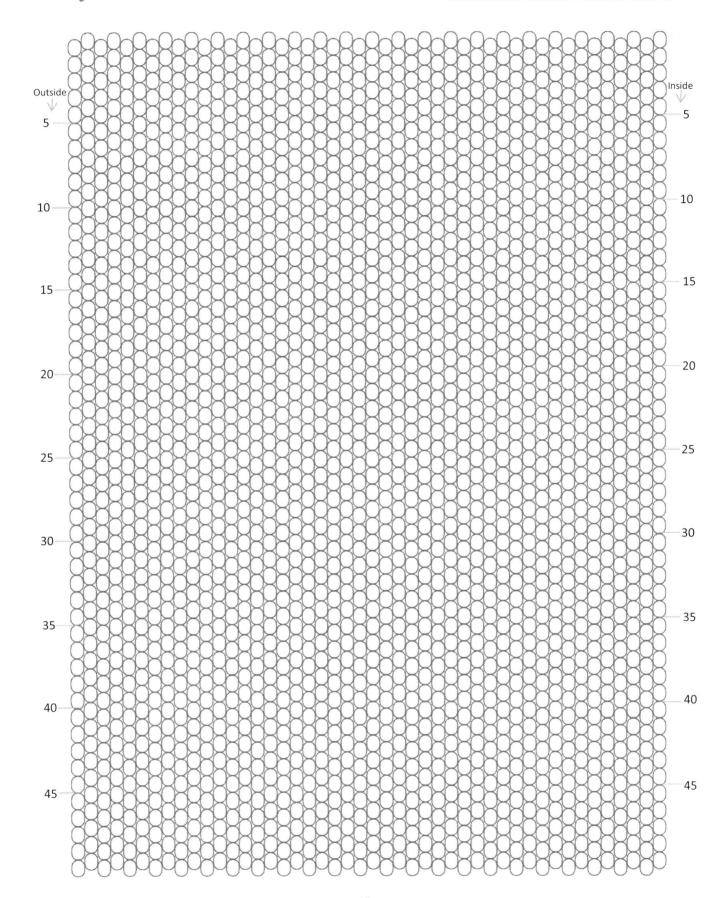

Materials List

Project Title:_____

Start Date:_____ Finish Date: _____

Seed Beads:

Weight:_____ Size: _____ Bead Type: _____
Weight:_____ Size: _____ Bead Type: _____
Weight:_____ Size: _____ Bead Type: _____
Weight:_____ Size: _____ Bead Type: _____
Weight:_____ Size: _____ Bead Type: _____

Other Beads:

Weight:_____ Size: _____ Bead Type: _____
Weight:_____ Size: _____ Bead Type: _____
Weight:_____ Size: _____ Bead Type: _____

Thread:

Type:_____ Size: _____ Color: _____
Type:_____ Size: _____ Color: _____
Type:_____ Size: _____ Color: _____

Beading Needles:

Type:_____ Size: _____
Type:_____ Size: _____
Type:_____ Size: _____

Findings & Other Materials: (Jump Rings, Clasps, Suede, Leather & More)

_____
_____
_____
_____
_____

Project Title:_____ Theme:_____

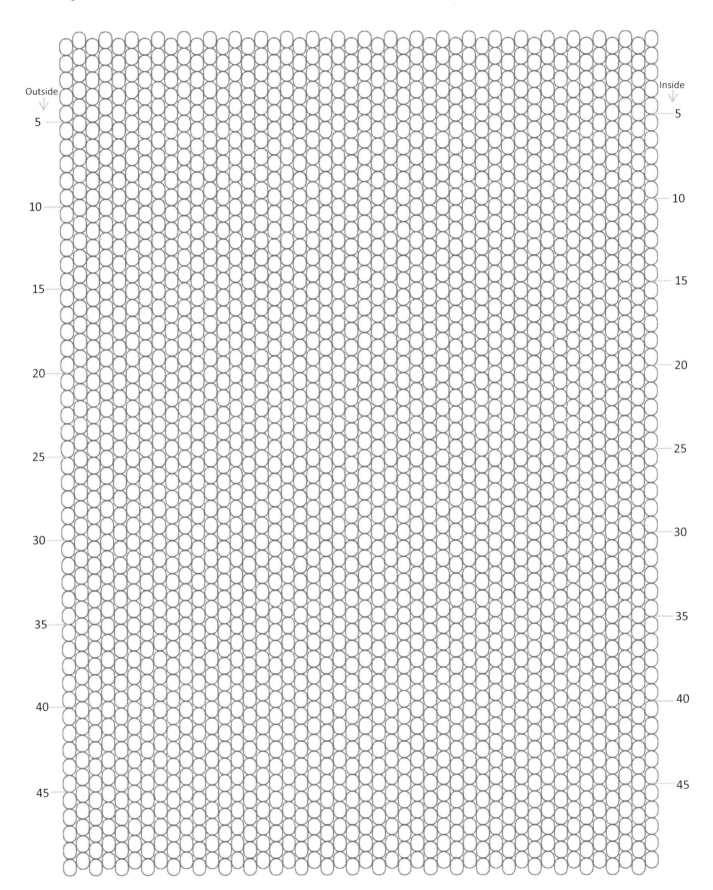

Materials List

Project Title:_____

Start Date:_____ Finish Date: _____

Seed Beads:

Weight:_____ Size: _____ Bead Type: _____
Weight:_____ Size: _____ Bead Type: _____
Weight:_____ Size: _____ Bead Type: _____
Weight:_____ Size: _____ Bead Type: _____
Weight:_____ Size: _____ Bead Type: _____

Other Beads:

Weight:_____ Size: _____ Bead Type: _____
Weight:_____ Size: _____ Bead Type: _____
Weight:_____ Size: _____ Bead Type: _____

Thread:

Type:_____ Size: _____ Color: _____
Type:_____ Size: _____ Color: _____
Type:_____ Size: _____ Color: _____

Beading Needles:

Type:_____ Size: _____
Type:_____ Size: _____
Type:_____ Size: _____

Findings & Other Materials: (Jump Rings, Clasps, Suede, Leather & More)

_____
_____
_____
_____
_____

*Project Title:*____________________ *Theme:*____________________

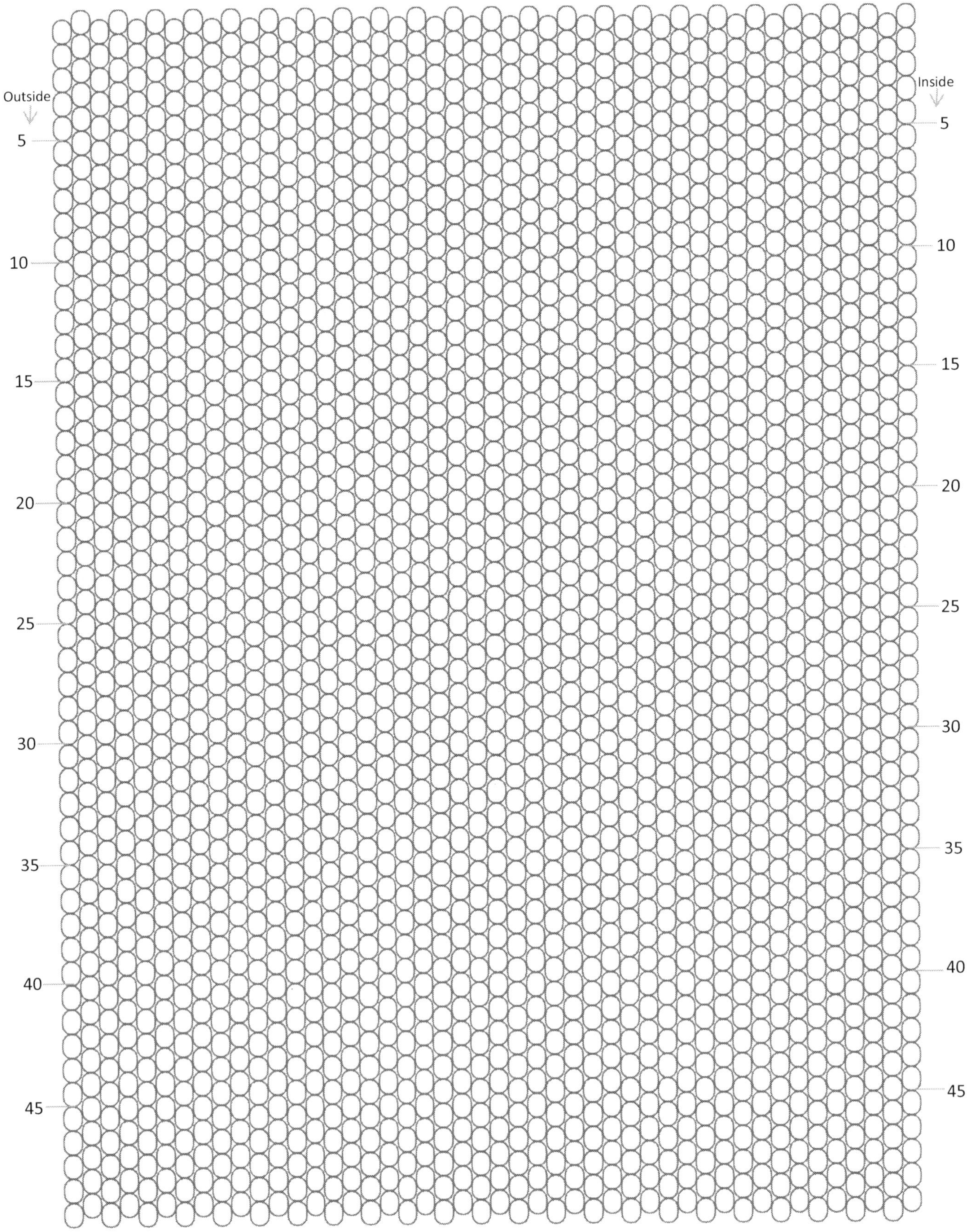
Outside
Inside
5
10
15
20
25
30
35
40
45

Materials List

Project Title:_____

Start Date:_____ Finish Date:_____

Seed Beads:

Weight:_____ Size: _____ Bead Type: _____
Weight:_____ Size: _____ Bead Type: _____
Weight:_____ Size: _____ Bead Type: _____
Weight:_____ Size: _____ Bead Type: _____
Weight:_____ Size: _____ Bead Type: _____

Other Beads:

Weight:_____ Size: _____ Bead Type: _____
Weight:_____ Size: _____ Bead Type: _____
Weight:_____ Size: _____ Bead Type: _____

Thread:

Type:_____ Size: _____ Color: _____
Type:_____ Size: _____ Color: _____
Type:_____ Size: _____ Color: _____

Beading Needles:

Type:_____ Size: _____
Type:_____ Size: _____
Type:_____ Size: _____

Findings & Other Materials: (Jump Rings, Clasps, Suede, Leather & More)

_____
_____
_____
_____
_____

Project Title:_____ Theme:_____

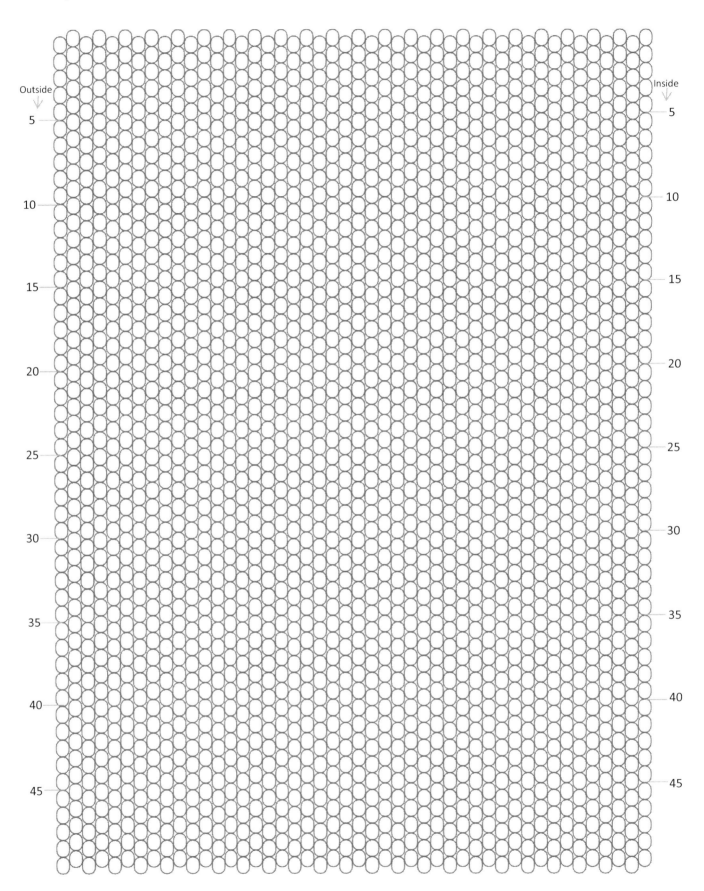

Materials List

Project Title:_____

Start Date:_____ Finish Date: _____

Seed Beads:

Weight:_____ Size: _____ Bead Type: _____
Weight:_____ Size: _____ Bead Type: _____
Weight:_____ Size: _____ Bead Type: _____
Weight:_____ Size: _____ Bead Type: _____
Weight:_____ Size: _____ Bead Type: _____

Other Beads:

Weight:_____ Size: _____ Bead Type: _____
Weight:_____ Size: _____ Bead Type: _____
Weight:_____ Size: _____ Bead Type: _____

Thread:

Type:_____ Size: _____ Color: _____
Type:_____ Size: _____ Color: _____
Type:_____ Size: _____ Color: _____

Beading Needles:

Type:_____ Size: _____
Type:_____ Size: _____
Type:_____ Size: _____

Findings & Other Materials: (Jump Rings, Clasps, Suede, Leather & More)

_____
_____
_____
_____
_____

Project Title:_____ Theme:_____

Outside ↓ | Inside ↓
5
10
15
20
25
30
35
40
45

Materials List

Project Title:_____

Start Date:_____ Finish Date: _____

Seed Beads:

Weight:_____ Size: _____ Bead Type: _____
Weight:_____ Size: _____ Bead Type: _____
Weight:_____ Size: _____ Bead Type: _____
Weight:_____ Size: _____ Bead Type: _____
Weight:_____ Size: _____ Bead Type: _____

Other Beads:

Weight:_____ Size: _____ Bead Type: _____
Weight:_____ Size: _____ Bead Type: _____
Weight:_____ Size: _____ Bead Type: _____

Thread:

Type:_____ Size: _____ Color: _____
Type:_____ Size: _____ Color: _____
Type:_____ Size: _____ Color: _____

Beading Needles:

Type:_____ Size: _____
Type:_____ Size: _____
Type:_____ Size: _____

Findings & Other Materials: (Jump Rings, Clasps, Suede, Leather & More)

_____
_____
_____
_____
_____

*Project Title:*______________________ *Theme:*________________________

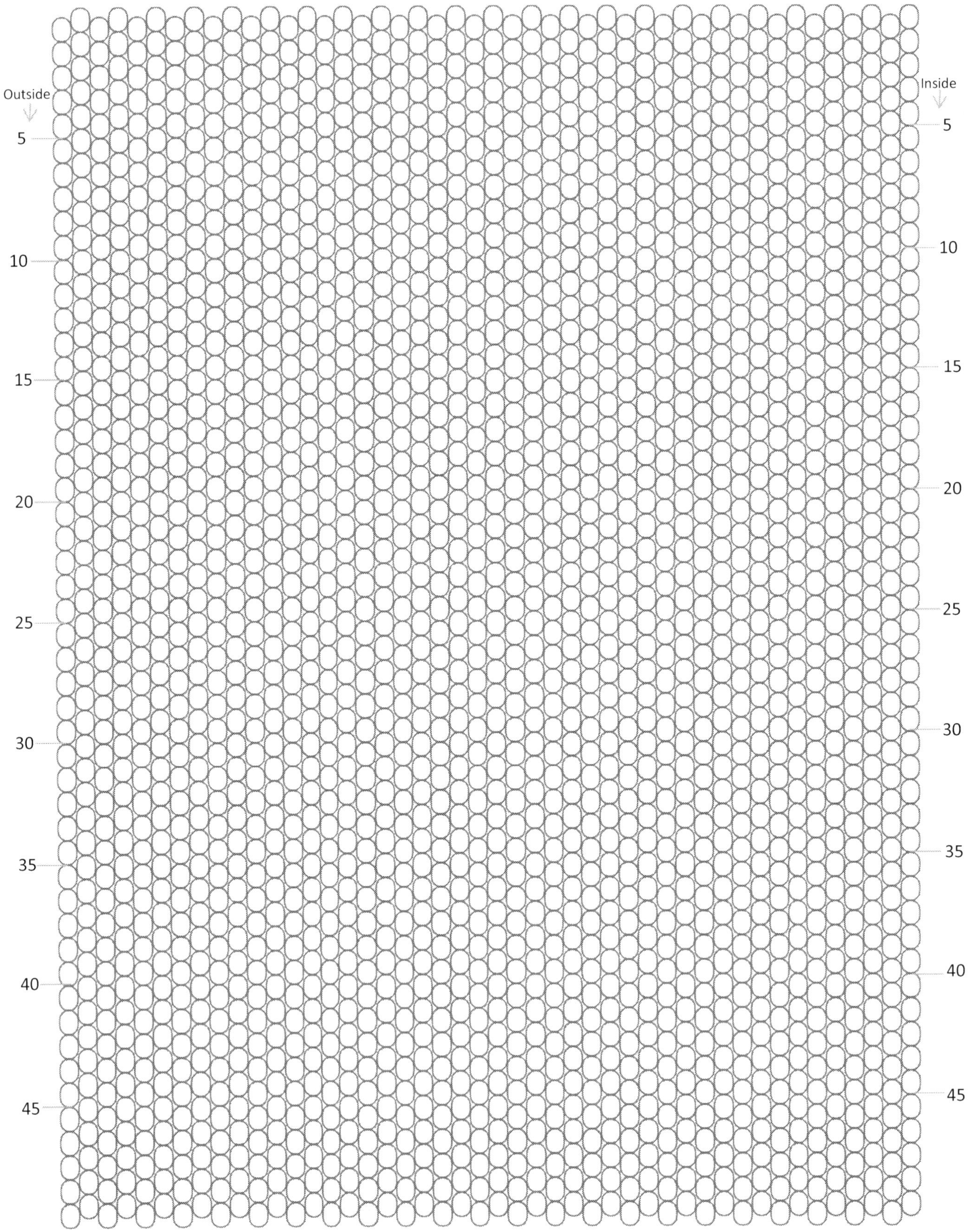
Outside
Inside
5
10
15
20
25
30
35
40
45

Materials List

Project Title:_____

Start Date:_____ Finish Date: _____

Seed Beads:

Weight:_____ Size: _____ Bead Type: _____
Weight:_____ Size: _____ Bead Type: _____
Weight:_____ Size: _____ Bead Type: _____
Weight:_____ Size: _____ Bead Type: _____
Weight:_____ Size: _____ Bead Type: _____

Other Beads:

Weight:_____ Size: _____ Bead Type: _____
Weight:_____ Size: _____ Bead Type: _____
Weight:_____ Size: _____ Bead Type: _____

Thread:

Type:_____ Size: _____ Color: _____
Type:_____ Size: _____ Color: _____
Type:_____ Size: _____ Color: _____

Beading Needles:

Type:_____ Size: _____
Type:_____ Size: _____
Type:_____ Size: _____

Findings & Other Materials: (Jump Rings, Clasps, Suede, Leather & More)

_____
_____
_____
_____

Project Title:_____ Theme:_____

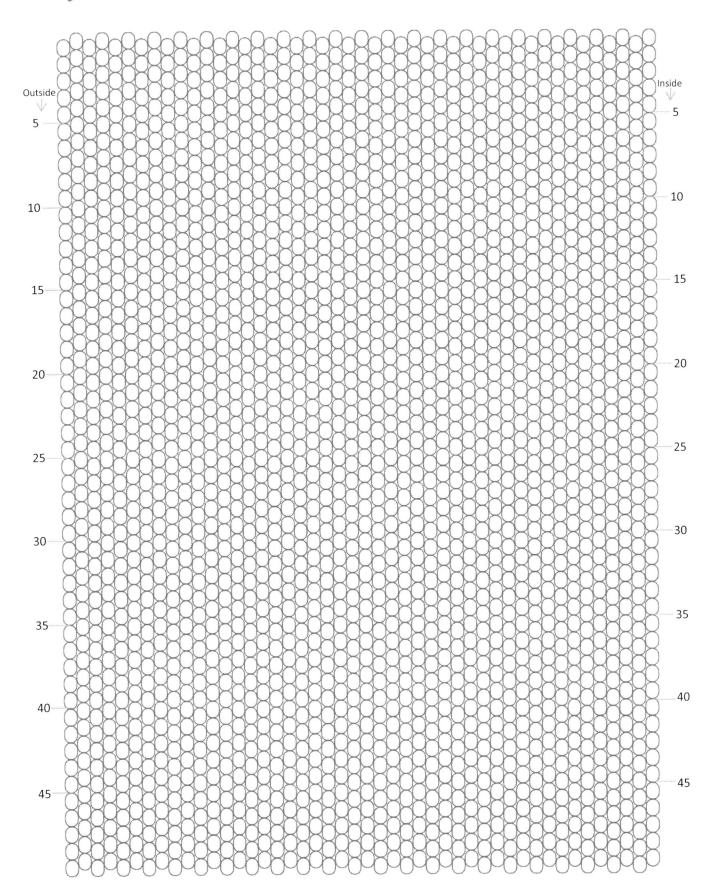

Materials List

Project Title:_____

Start Date:_____ Finish Date:_____

Seed Beads:

Weight:_____ Size:_____ Bead Type:_____
Weight:_____ Size:_____ Bead Type:_____
Weight:_____ Size:_____ Bead Type:_____
Weight:_____ Size:_____ Bead Type:_____
Weight:_____ Size:_____ Bead Type:_____

Other Beads:

Weight:_____ Size:_____ Bead Type:_____
Weight:_____ Size:_____ Bead Type:_____
Weight:_____ Size:_____ Bead Type:_____

Thread:

Type:_____ Size:_____ Color:_____
Type:_____ Size:_____ Color:_____
Type:_____ Size:_____ Color:_____

Beading Needles:

Type:_____ Size:_____
Type:_____ Size:_____
Type:_____ Size:_____

Findings & Other Materials: (Jump Rings, Clasps, Suede, Leather & More)

_____
_____
_____
_____

Project Title:_____ Theme:_____

Outside ↓   Inside ↓
5   5
10   10
15   15
20   20
25   25
30   30
35   35
40   40
45   45

Materials List

Project Title:_____

Start Date:_____ Finish Date: _____

Seed Beads:

Weight:_____ Size: _____ Bead Type: _____
Weight:_____ Size: _____ Bead Type: _____
Weight:_____ Size: _____ Bead Type: _____
Weight:_____ Size: _____ Bead Type: _____
Weight:_____ Size: _____ Bead Type: _____

Other Beads:

Weight:_____ Size: _____ Bead Type: _____
Weight:_____ Size: _____ Bead Type: _____
Weight:_____ Size: _____ Bead Type: _____

Thread:

Type:_____ Size: _____ Color: _____
Type:_____ Size: _____ Color: _____
Type:_____ Size: _____ Color: _____

Beading Needles:

Type:_____ Size: _____
Type:_____ Size: _____
Type:_____ Size: _____

Findings & Other Materials: (Jump Rings, Clasps, Suede, Leather & More)

_____
_____
_____
_____
_____

Project Title:_____ **Theme:**_____

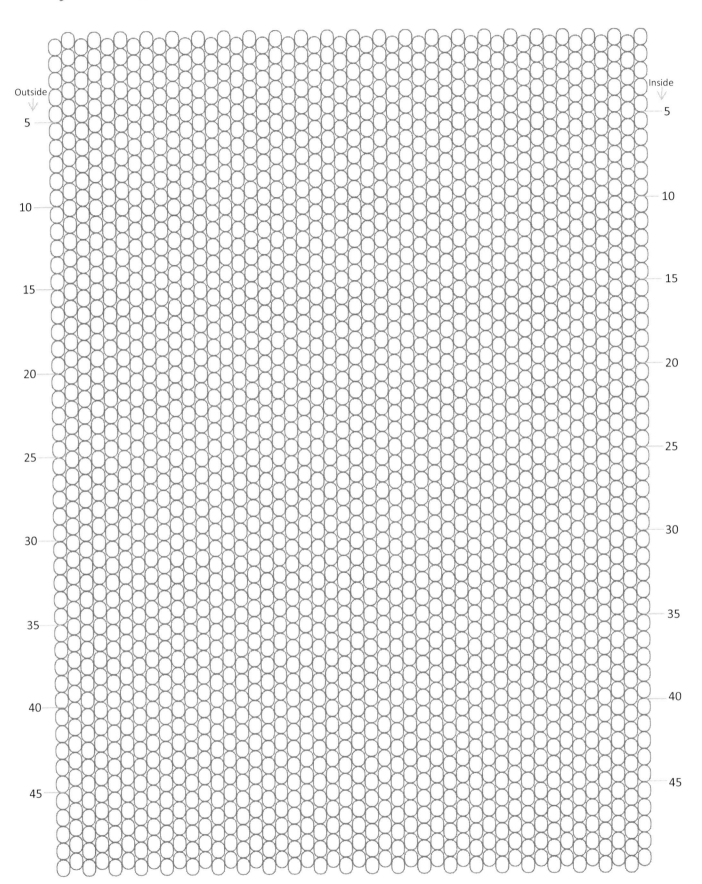

Materials List

Project Title:_____

Start Date:_____ Finish Date:_____

Seed Beads:

Weight:_____ Size: _____ Bead Type: _____
Weight:_____ Size: _____ Bead Type: _____
Weight:_____ Size: _____ Bead Type: _____
Weight:_____ Size: _____ Bead Type: _____
Weight:_____ Size: _____ Bead Type: _____

Other Beads:

Weight:_____ Size: _____ Bead Type: _____
Weight:_____ Size: _____ Bead Type: _____
Weight:_____ Size: _____ Bead Type: _____

Thread:

Type:_____ Size: _____ Color: _____
Type:_____ Size: _____ Color: _____
Type:_____ Size: _____ Color: _____

Beading Needles:

Type:_____ Size: _____
Type:_____ Size: _____
Type:_____ Size: _____

Findings & Other Materials: (Jump Rings, Clasps, Suede, Leather & More)

_____
_____
_____
_____
_____

Project Title:_____ Theme:_____

Outside ↓   Inside ↓
5   5
10   10
15   15
20   20
25   25
30   30
35   35
40   40
45   45

Materials List

Project Title:_____

Start Date:_____ Finish Date:_____

Seed Beads:

Weight:_____ Size: _____ Bead Type: _____
Weight:_____ Size: _____ Bead Type: _____
Weight:_____ Size: _____ Bead Type: _____
Weight:_____ Size: _____ Bead Type: _____
Weight:_____ Size: _____ Bead Type: _____

Other Beads:

Weight:_____ Size: _____ Bead Type: _____
Weight:_____ Size: _____ Bead Type: _____
Weight:_____ Size: _____ Bead Type: _____

Thread:

Type:_____ Size: _____ Color: _____
Type:_____ Size: _____ Color: _____
Type:_____ Size: _____ Color: _____

Beading Needles:

Type:_____ Size: _____
Type:_____ Size: _____
Type:_____ Size: _____

Findings & Other Materials: (Jump Rings, Clasps, Suede, Leather & More)

_____
_____
_____
_____
_____

Project Title:_____ Theme:_____

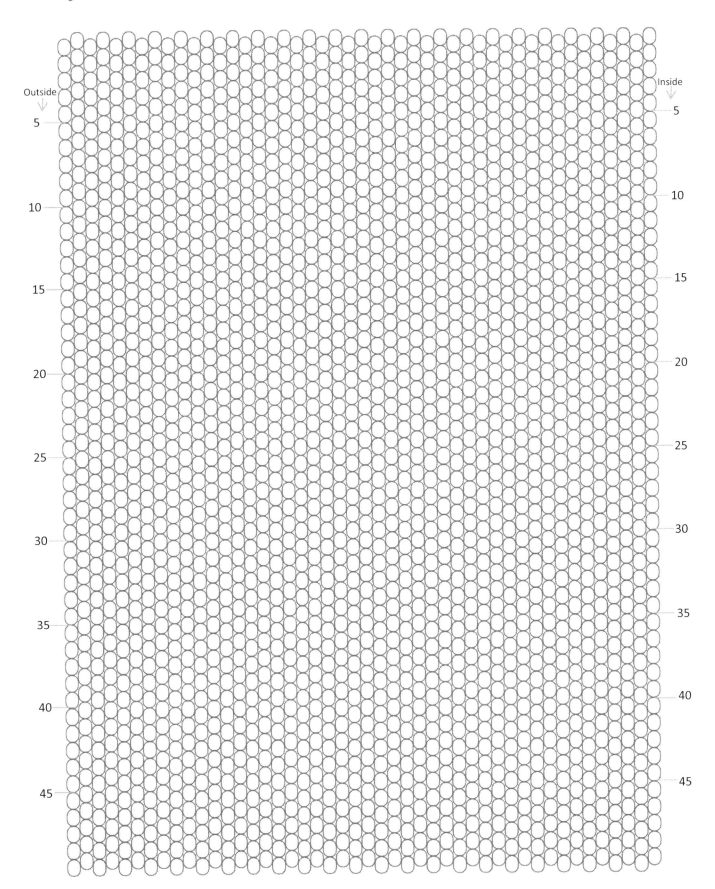

Materials List

Project Title:_____

Start Date:_____ Finish Date: _____

Seed Beads:

Weight:_____ Size: _____ Bead Type: _____
Weight:_____ Size: _____ Bead Type: _____
Weight:_____ Size: _____ Bead Type: _____
Weight:_____ Size: _____ Bead Type: _____
Weight:_____ Size: _____ Bead Type: _____

Other Beads:

Weight:_____ Size: _____ Bead Type: _____
Weight:_____ Size: _____ Bead Type: _____
Weight:_____ Size: _____ Bead Type: _____

Thread:

Type:_____ Size: _____ Color: _____
Type:_____ Size: _____ Color: _____
Type:_____ Size: _____ Color: _____

Beading Needles:

Type:_____ Size: _____
Type:_____ Size: _____
Type:_____ Size: _____

Findings & Other Materials: (Jump Rings, Clasps, Suede, Leather & More)

_____
_____
_____
_____
_____

Project Title:_____ Theme:_____

Outside ↓   Inside ↓
5   5
10   10
15   15
20   20
25   25
30   30
35   35
40   40
45   45

Materials List

Project Title:_____

Start Date:_____ Finish Date:_____

Seed Beads:

Weight:_____ Size: _____ Bead Type: _____
Weight:_____ Size: _____ Bead Type: _____
Weight:_____ Size: _____ Bead Type: _____
Weight:_____ Size: _____ Bead Type: _____
Weight:_____ Size: _____ Bead Type: _____

Other Beads:

Weight:_____ Size: _____ Bead Type: _____
Weight:_____ Size: _____ Bead Type: _____
Weight:_____ Size: _____ Bead Type: _____

Thread:

Type:_____ Size: _____ Color: _____
Type:_____ Size: _____ Color: _____
Type:_____ Size: _____ Color: _____

Beading Needles:

Type:_____ Size: _____
Type:_____ Size: _____
Type:_____ Size: _____

Findings & Other Materials: (Jump Rings, Clasps, Suede, Leather & More)

_____
_____
_____
_____

Project Title:_____ Theme:_____

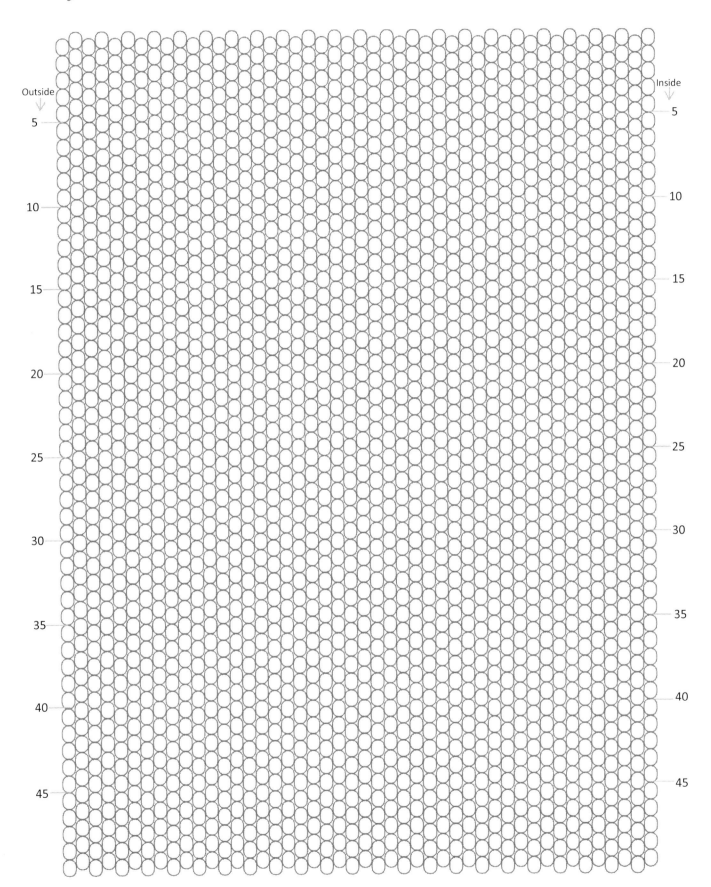

Materials List

Project Title:_____

Start Date:_____ Finish Date:_____

Seed Beads:

Weight:_____ Size: _____ Bead Type: _____
Weight:_____ Size: _____ Bead Type: _____
Weight:_____ Size: _____ Bead Type: _____
Weight:_____ Size: _____ Bead Type: _____
Weight:_____ Size: _____ Bead Type: _____

Other Beads:

Weight:_____ Size: _____ Bead Type: _____
Weight:_____ Size: _____ Bead Type: _____
Weight:_____ Size: _____ Bead Type: _____

Thread:

Type:_____ Size: _____ Color: _____
Type:_____ Size: _____ Color: _____
Type:_____ Size: _____ Color: _____

Beading Needles:

Type:_____ Size: _____
Type:_____ Size: _____
Type:_____ Size: _____

Findings & Other Materials: (Jump Rings, Clasps, Suede, Leather & More)

_____
_____
_____
_____
_____

Project Title:_____ Theme:_____

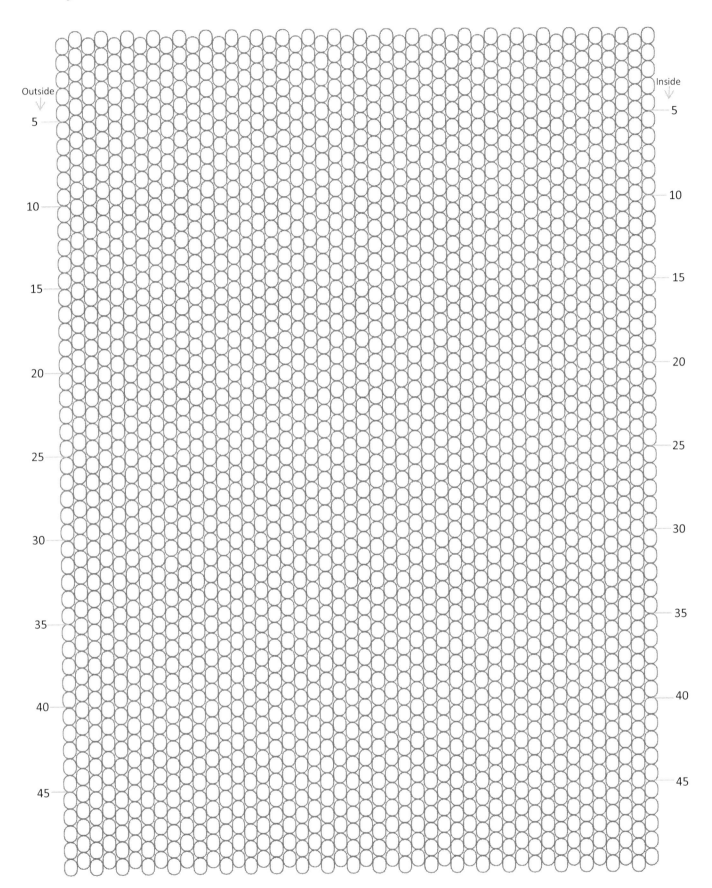

Materials List

Project Title:_____

Start Date:_____ Finish Date:_____

Seed Beads:

Weight:_____ Size:_____ Bead Type:_____
Weight:_____ Size:_____ Bead Type:_____
Weight:_____ Size:_____ Bead Type:_____
Weight:_____ Size:_____ Bead Type:_____
Weight:_____ Size:_____ Bead Type:_____

Other Beads:

Weight:_____ Size:_____ Bead Type:_____
Weight:_____ Size:_____ Bead Type:_____
Weight:_____ Size:_____ Bead Type:_____

Thread:

Type:_____ Size:_____ Color:_____
Type:_____ Size:_____ Color:_____
Type:_____ Size:_____ Color:_____

Beading Needles:

Type:_____ Size:_____
Type:_____ Size:_____
Type:_____ Size:_____

Findings & Other Materials: (Jump Rings, Clasps, Suede, Leather & More)

_____
_____
_____
_____
_____

*Project Title:*______________________ *Theme:*________________________

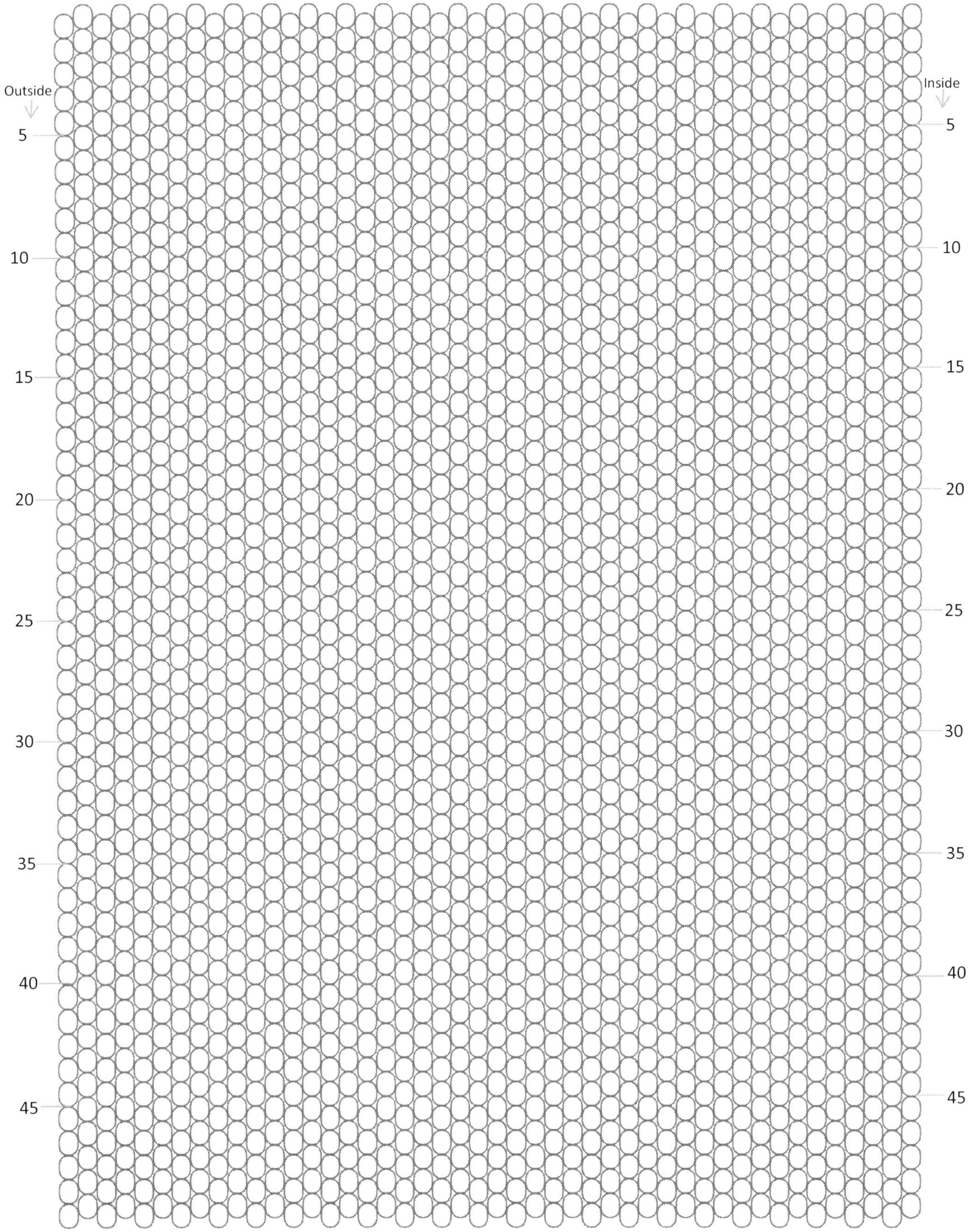
Outside
Inside
5
10
15
20
25
30
35
40
45
5
10
15
20
25
30
35
40
45

Materials List

Project Title:_____

Start Date:_____ Finish Date: _____

Seed Beads:

Weight:_____ Size: _____ Bead Type: _____
Weight:_____ Size: _____ Bead Type: _____
Weight:_____ Size: _____ Bead Type: _____
Weight:_____ Size: _____ Bead Type: _____
Weight:_____ Size: _____ Bead Type: _____

Other Beads:

Weight:_____ Size: _____ Bead Type: _____
Weight:_____ Size: _____ Bead Type: _____
Weight:_____ Size: _____ Bead Type: _____

Thread:

Type:_____ Size: _____ Color: _____
Type:_____ Size: _____ Color: _____
Type:_____ Size: _____ Color: _____

Beading Needles:

Type:_____ Size: _____
Type:_____ Size: _____
Type:_____ Size: _____

Findings & Other Materials: (Jump Rings, Clasps, Suede, Leather & More)

_____
_____
_____
_____

Project Title:_____ Theme:_____

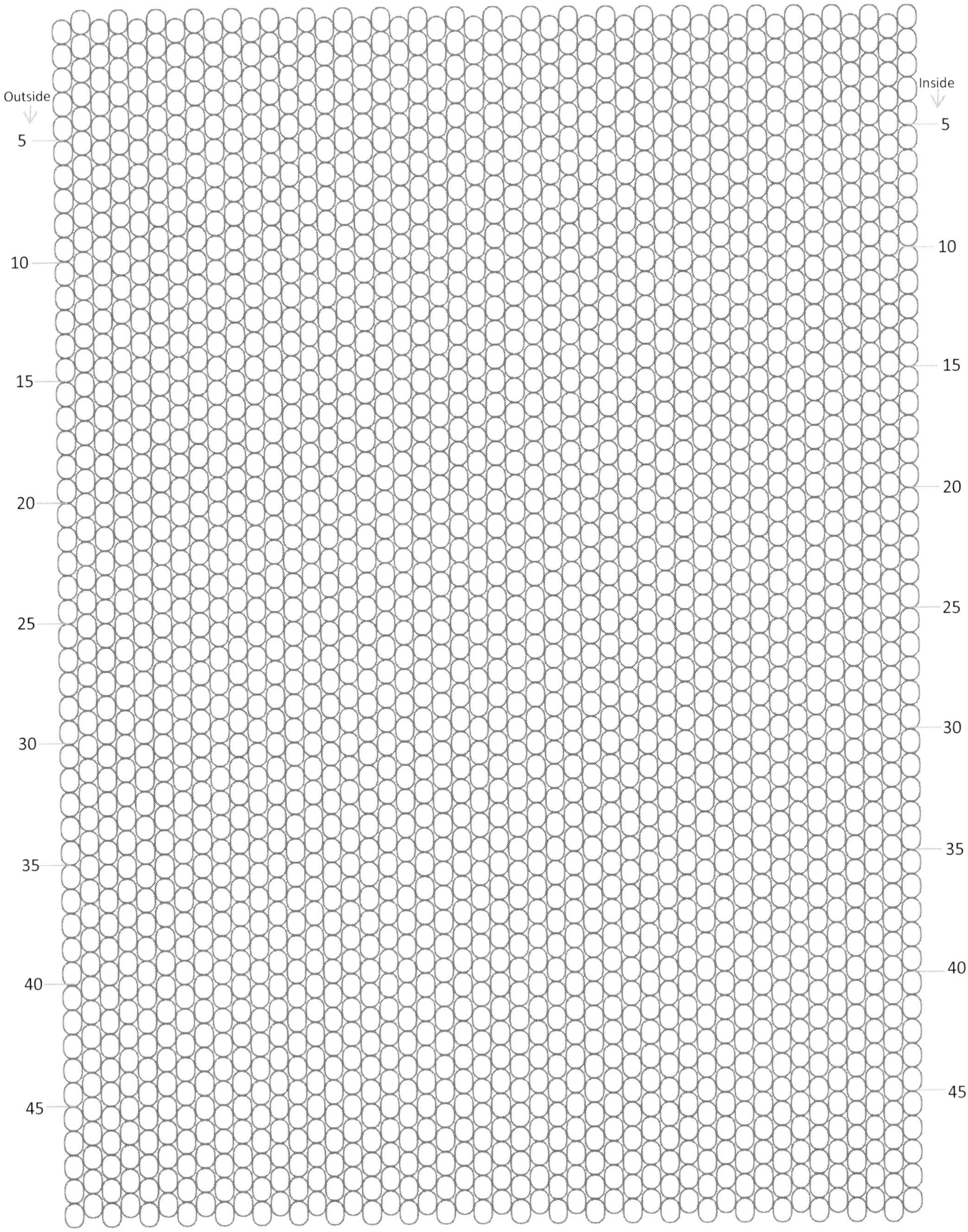

Outside Inside
5 5
10 10
15 15
20 20
25 25
30 30
35 35
40 40
45 45

Materials List

Project Title:_____

Start Date:_____ Finish Date: _____

Seed Beads:

Weight:_____ Size: _____ Bead Type: _____
Weight:_____ Size: _____ Bead Type: _____
Weight:_____ Size: _____ Bead Type: _____
Weight:_____ Size: _____ Bead Type: _____
Weight:_____ Size: _____ Bead Type: _____

Other Beads:

Weight:_____ Size: _____ Bead Type: _____
Weight:_____ Size: _____ Bead Type: _____
Weight:_____ Size: _____ Bead Type: _____

Thread:

Type:_____ Size: _____ Color: _____
Type:_____ Size: _____ Color: _____
Type:_____ Size: _____ Color: _____

Beading Needles:

Type:_____ Size: _____
Type:_____ Size: _____
Type:_____ Size: _____

Findings & Other Materials: (Jump Rings, Clasps, Suede, Leather & More)

_____
_____
_____
_____
_____

Project Title:_____ Theme:_____

Outside ↓ Inside ↓
5   5
10 10
15 15
20 20
25 25
30 30
35 35
40 40
45 45

Materials List

Project Title:_____

Start Date:_____ Finish Date: _____

Seed Beads:

Weight:_____ Size: _____ Bead Type: _____
Weight:_____ Size: _____ Bead Type: _____
Weight:_____ Size: _____ Bead Type: _____
Weight:_____ Size: _____ Bead Type: _____
Weight:_____ Size: _____ Bead Type: _____

Other Beads:

Weight:_____ Size: _____ Bead Type: _____
Weight:_____ Size: _____ Bead Type: _____
Weight:_____ Size: _____ Bead Type: _____

Thread:

Type:_____ Size: _____ Color: _____
Type:_____ Size: _____ Color: _____
Type:_____ Size: _____ Color: _____

Beading Needles:

Type:_____ Size: _____
Type:_____ Size: _____
Type:_____ Size: _____

Findings & Other Materials: (Jump Rings, Clasps, Suede, Leather & More)

_____
_____
_____
_____

Project Title:_____ Theme:_____

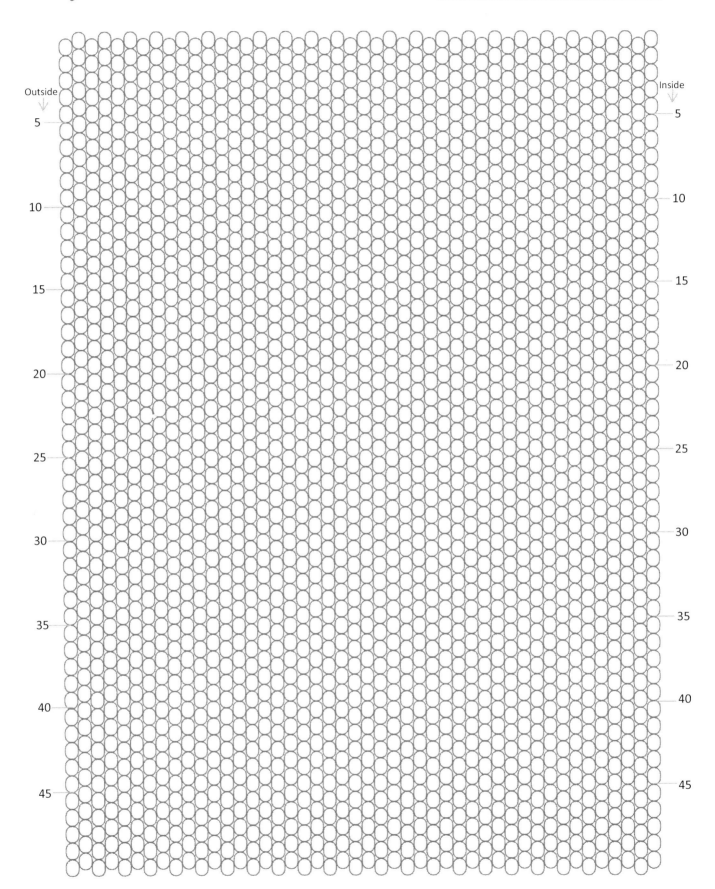

Materials List

Project Title:_____

Start Date:_____ Finish Date: _____

Seed Beads:

Weight:_____ Size: _____ Bead Type: _____
Weight:_____ Size: _____ Bead Type: _____
Weight:_____ Size: _____ Bead Type: _____
Weight:_____ Size: _____ Bead Type: _____
Weight:_____ Size: _____ Bead Type: _____

Other Beads:

Weight:_____ Size: _____ Bead Type: _____
Weight:_____ Size: _____ Bead Type: _____
Weight:_____ Size: _____ Bead Type: _____

Thread:

Type:_____ Size: _____ Color: _____
Type:_____ Size: _____ Color: _____
Type:_____ Size: _____ Color: _____

Beading Needles:

Type:_____ Size: _____
Type:_____ Size: _____
Type:_____ Size: _____

Findings & Other Materials: (Jump Rings, Clasps, Suede, Leather & More)

_____
_____
_____
_____
_____

Project Title:_____ Theme:_____

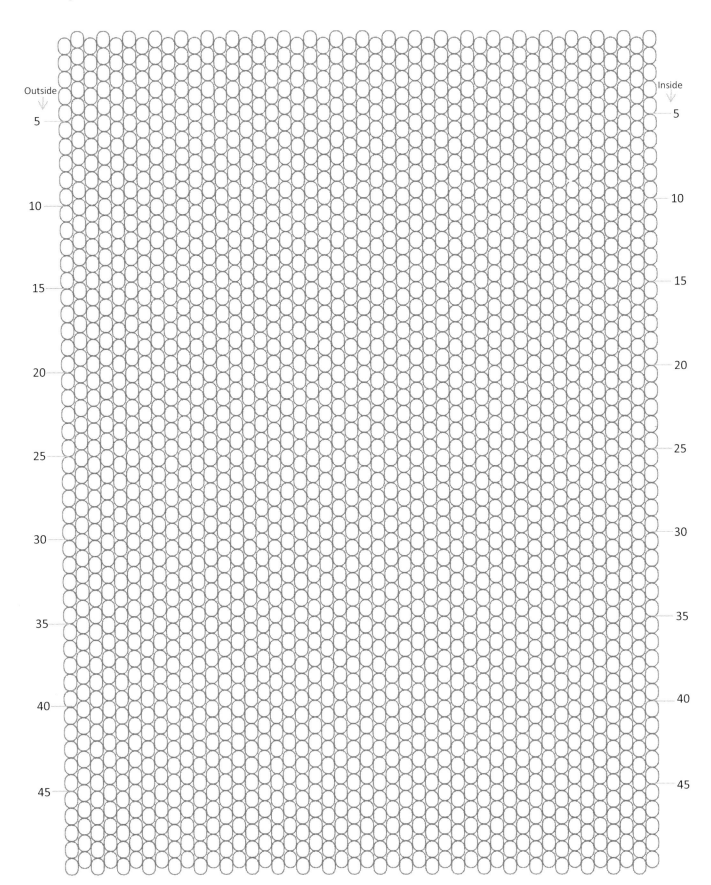

Materials List

Project Title:_____

Start Date:_____ Finish Date:_____

Seed Beads:

Weight:_____ Size: _____ Bead Type: _____
Weight:_____ Size: _____ Bead Type: _____
Weight:_____ Size: _____ Bead Type: _____
Weight:_____ Size: _____ Bead Type: _____
Weight:_____ Size: _____ Bead Type: _____

Other Beads:

Weight:_____ Size: _____ Bead Type: _____
Weight:_____ Size: _____ Bead Type: _____
Weight:_____ Size: _____ Bead Type: _____

Thread:

Type:_____ Size: _____ Color: _____
Type:_____ Size: _____ Color: _____
Type:_____ Size: _____ Color: _____

Beading Needles:

Type:_____ Size: _____
Type:_____ Size: _____
Type:_____ Size: _____

Findings & Other Materials: (Jump Rings, Clasps, Suede, Leather & More)

_____
_____
_____
_____
_____

Project Title:_____ Theme:_____

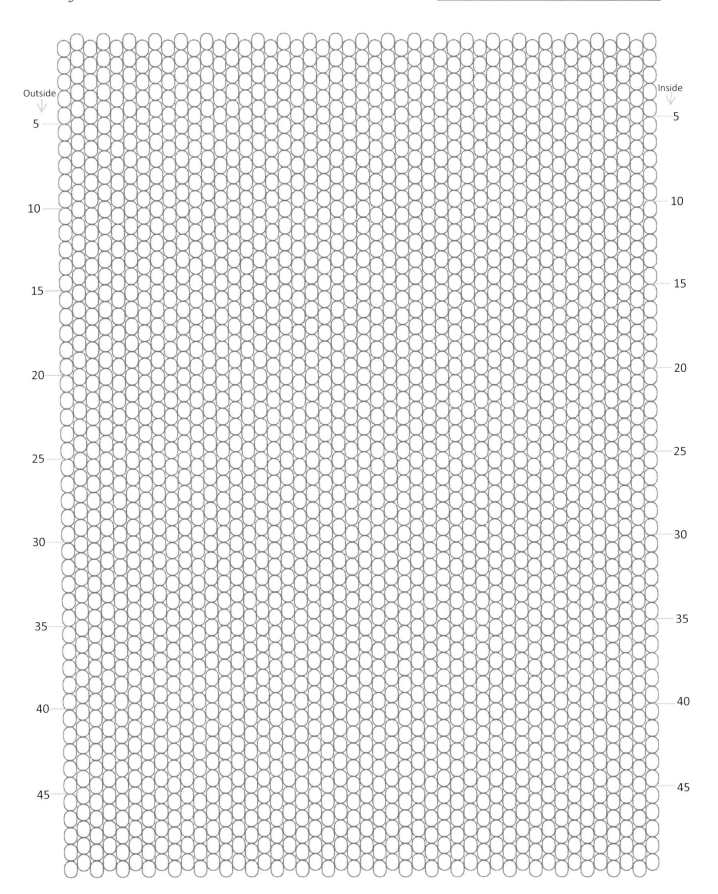

Materials List

Project Title:_____

Start Date:_____ Finish Date: _____

Seed Beads:

Weight:_____ Size: _____ Bead Type: _____
Weight:_____ Size: _____ Bead Type: _____
Weight:_____ Size: _____ Bead Type: _____
Weight:_____ Size: _____ Bead Type: _____
Weight:_____ Size: _____ Bead Type: _____

Other Beads:

Weight:_____ Size: _____ Bead Type: _____
Weight:_____ Size: _____ Bead Type: _____
Weight:_____ Size: _____ Bead Type: _____

Thread:

Type:_____ Size: _____ Color: _____
Type:_____ Size: _____ Color: _____
Type:_____ Size: _____ Color: _____

Beading Needles:

Type:_____ Size: _____
Type:_____ Size: _____
Type:_____ Size: _____

Findings & Other Materials: (Jump Rings, Clasps, Suede, Leather & More)

_____
_____
_____
_____
_____

Project Title:_____ Theme:_____

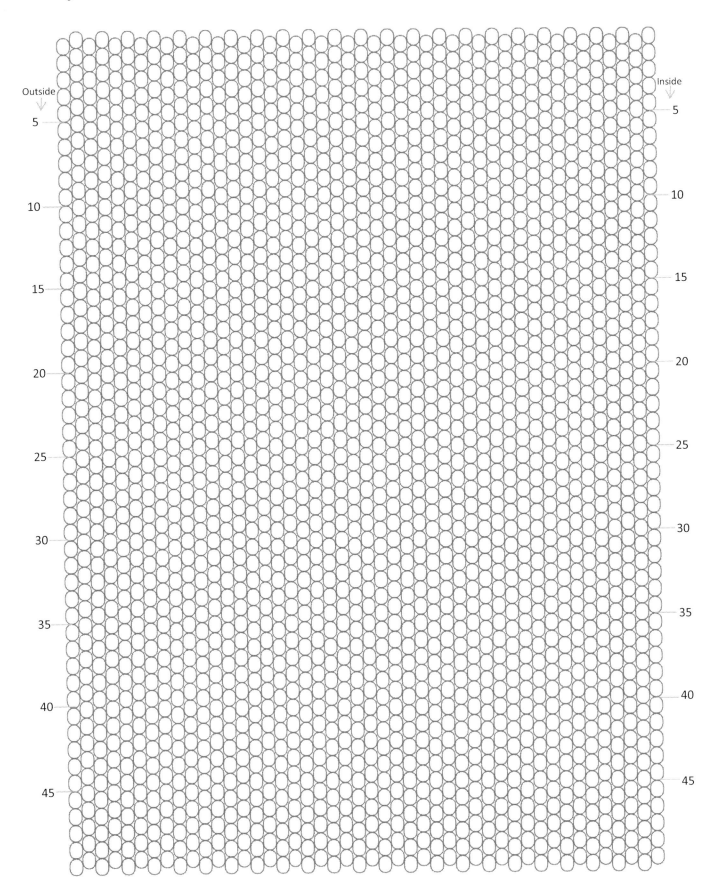

Materials List

Project Title:_____

Start Date:_____ Finish Date:_____

Seed Beads:

Weight:_____ Size: _____ Bead Type: _____
Weight:_____ Size: _____ Bead Type: _____
Weight:_____ Size: _____ Bead Type: _____
Weight:_____ Size: _____ Bead Type: _____
Weight:_____ Size: _____ Bead Type: _____

Other Beads:

Weight:_____ Size: _____ Bead Type: _____
Weight:_____ Size: _____ Bead Type: _____
Weight:_____ Size: _____ Bead Type: _____

Thread:

Type:_____ Size: _____ Color: _____
Type:_____ Size: _____ Color: _____
Type:_____ Size: _____ Color: _____

Beading Needles:

Type:_____ Size: _____
Type:_____ Size: _____
Type:_____ Size: _____

Findings & Other Materials: (Jump Rings, Clasps, Suede, Leather & More)

_____
_____
_____
_____
_____

*Project Title:*_____ *Theme:*_____

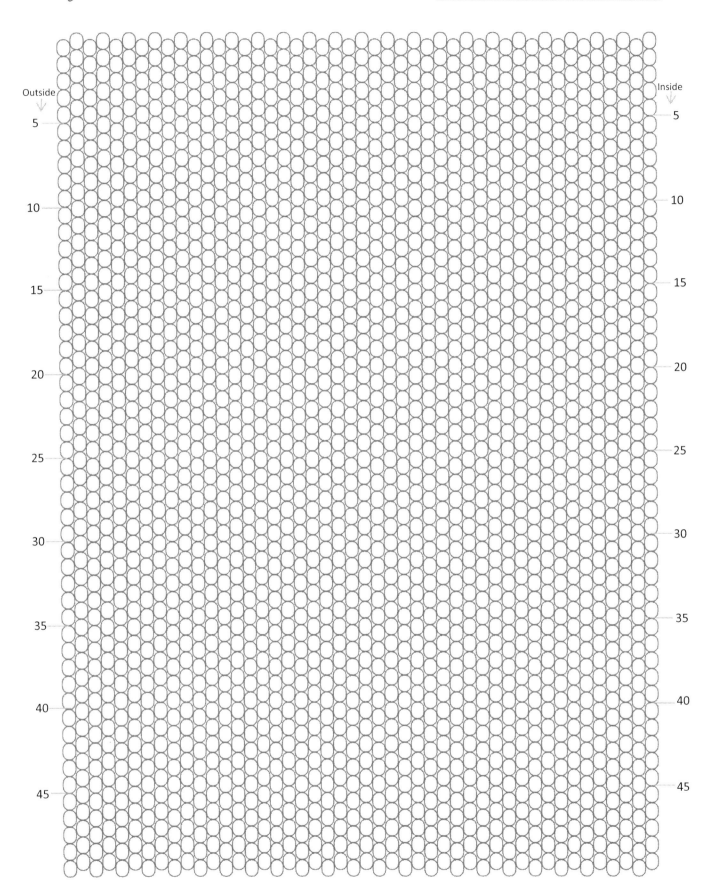

Materials List

Project Title:_____

Start Date:_____ Finish Date:_____

Seed Beads:

Weight:_____ Size: _____ Bead Type: _____
Weight:_____ Size: _____ Bead Type: _____
Weight:_____ Size: _____ Bead Type: _____
Weight:_____ Size: _____ Bead Type: _____
Weight:_____ Size: _____ Bead Type: _____

Other Beads:

Weight:_____ Size: _____ Bead Type: _____
Weight:_____ Size: _____ Bead Type: _____
Weight:_____ Size: _____ Bead Type: _____

Thread:

Type:_____ Size: _____ Color: _____
Type:_____ Size: _____ Color: _____
Type:_____ Size: _____ Color: _____

Beading Needles:

Type:_____ Size: _____
Type:_____ Size: _____
Type:_____ Size: _____

Findings & Other Materials: (Jump Rings, Clasps, Suede, Leather & More)

_____
_____
_____
_____
_____

Project Title:_____ Theme:_____

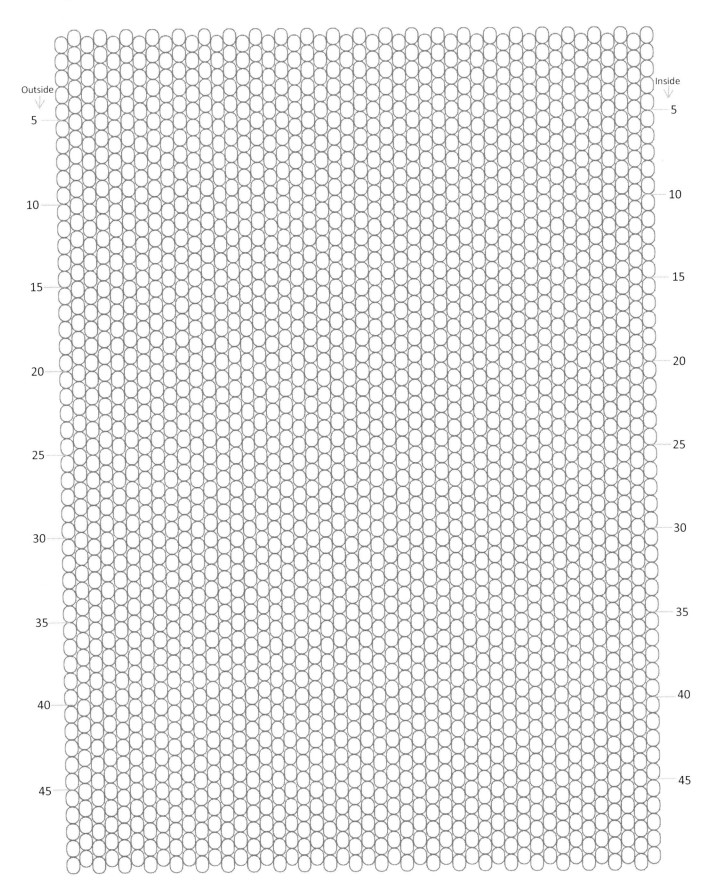

Materials List

Project Title:_____

Start Date:_____ Finish Date: _____

Seed Beads:

Weight:_____ Size: _____ Bead Type: _____
Weight:_____ Size: _____ Bead Type: _____
Weight:_____ Size: _____ Bead Type: _____
Weight:_____ Size: _____ Bead Type: _____
Weight:_____ Size: _____ Bead Type: _____

Other Beads:

Weight:_____ Size: _____ Bead Type: _____
Weight:_____ Size: _____ Bead Type: _____
Weight:_____ Size: _____ Bead Type: _____

Thread:

Type:_____ Size: _____ Color: _____
Type:_____ Size: _____ Color: _____
Type:_____ Size: _____ Color: _____

Beading Needles:

Type:_____ Size: _____
Type:_____ Size: _____
Type:_____ Size: _____

Findings & Other Materials: (Jump Rings, Clasps, Suede, Leather & More)

_____
_____
_____
_____
_____

Project Title:_____ Theme:_____

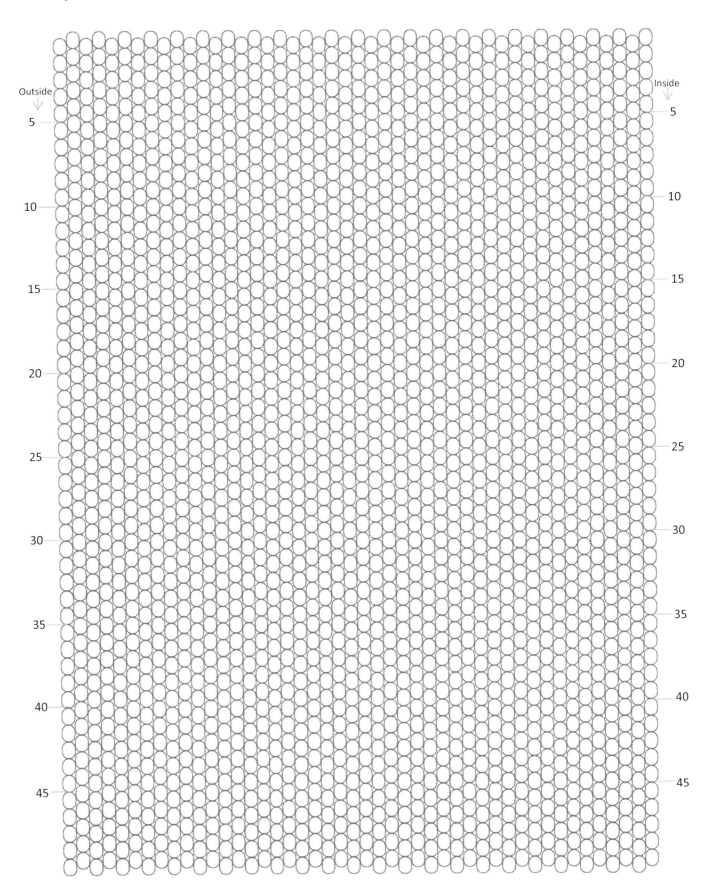

Materials List

Project Title:_____

Start Date:_____ Finish Date: _____

Seed Beads:

Weight:_____ Size: _____ Bead Type: _____
Weight:_____ Size: _____ Bead Type: _____
Weight:_____ Size: _____ Bead Type: _____
Weight:_____ Size: _____ Bead Type: _____
Weight:_____ Size: _____ Bead Type: _____

Other Beads:

Weight:_____ Size: _____ Bead Type: _____
Weight:_____ Size: _____ Bead Type: _____
Weight:_____ Size: _____ Bead Type: _____

Thread:

Type:_____ Size: _____ Color: _____
Type:_____ Size: _____ Color: _____
Type:_____ Size: _____ Color: _____

Beading Needles:

Type:_____ Size: _____
Type:_____ Size: _____
Type:_____ Size: _____

Findings & Other Materials: (Jump Rings, Clasps, Suede, Leather & More)

_____
_____
_____
_____

*Project Title:*_____ *Theme:*_____

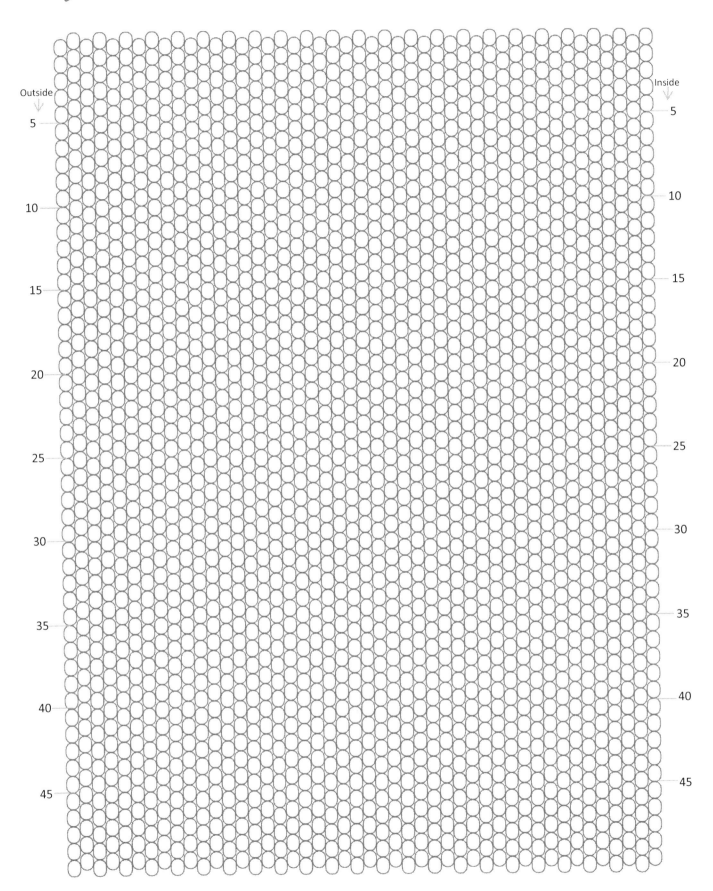

Materials List

Project Title:_____

Start Date:_____ Finish Date: _____

Seed Beads:

Weight:_____ Size: _____ Bead Type: _____
Weight:_____ Size: _____ Bead Type: _____
Weight:_____ Size: _____ Bead Type: _____
Weight:_____ Size: _____ Bead Type: _____
Weight:_____ Size: _____ Bead Type: _____

Other Beads:

Weight:_____ Size: _____ Bead Type: _____
Weight:_____ Size: _____ Bead Type: _____
Weight:_____ Size: _____ Bead Type: _____

Thread:

Type:_____ Size: _____ Color: _____
Type:_____ Size: _____ Color: _____
Type:_____ Size: _____ Color: _____

Beading Needles:

Type:_____ Size: _____
Type:_____ Size: _____
Type:_____ Size: _____

Findings & Other Materials: (Jump Rings, Clasps, Suede, Leather & More)

_____
_____
_____
_____

Project Title:_____ Theme:_____

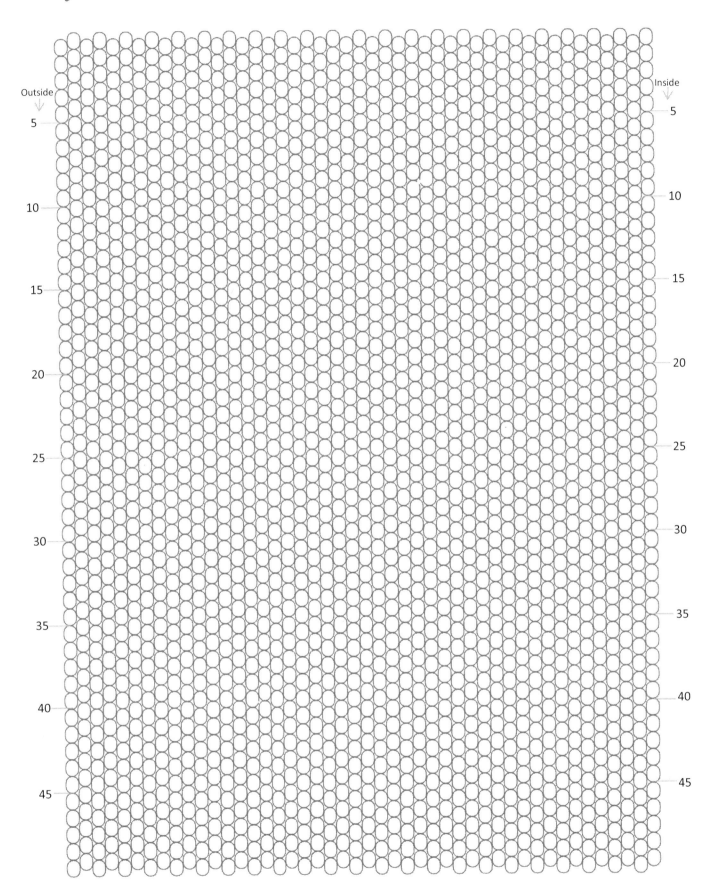

Materials List

Project Title:_____

Start Date:_____ Finish Date: _____

Seed Beads:

Weight:_____ Size: _____ Bead Type: _____
Weight:_____ Size: _____ Bead Type: _____
Weight:_____ Size: _____ Bead Type: _____
Weight:_____ Size: _____ Bead Type: _____
Weight:_____ Size: _____ Bead Type: _____

Other Beads:

Weight:_____ Size: _____ Bead Type: _____
Weight:_____ Size: _____ Bead Type: _____
Weight:_____ Size: _____ Bead Type: _____

Thread:

Type:_____ Size: _____ Color: _____
Type:_____ Size: _____ Color: _____
Type:_____ Size: _____ Color: _____

Beading Needles:

Type:_____ Size: _____
Type:_____ Size: _____
Type:_____ Size: _____

Findings & Other Materials: (Jump Rings, Clasps, Suede, Leather & More)

_____
_____
_____
_____

Project Title:_____ Theme:_____

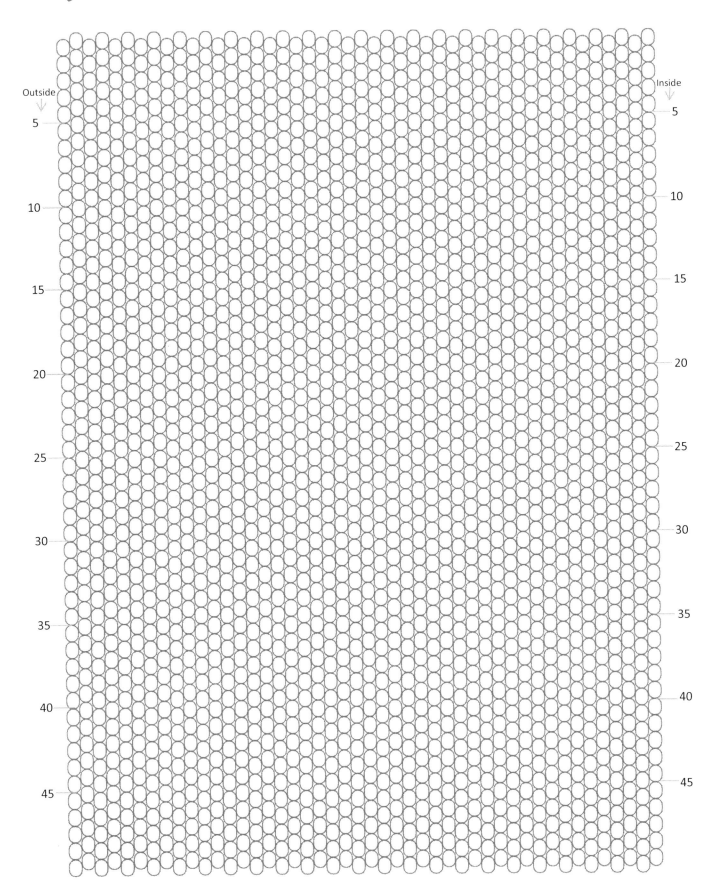

Materials List

Project Title:_____

Start Date:_____ Finish Date: _____

Seed Beads:

Weight:_____ Size: _____ Bead Type: _____
Weight:_____ Size: _____ Bead Type: _____
Weight:_____ Size: _____ Bead Type: _____
Weight:_____ Size: _____ Bead Type: _____
Weight:_____ Size: _____ Bead Type: _____

Other Beads:

Weight:_____ Size: _____ Bead Type: _____
Weight:_____ Size: _____ Bead Type: _____
Weight:_____ Size: _____ Bead Type: _____

Thread:

Type:_____ Size: _____ Color: _____
Type:_____ Size: _____ Color: _____
Type:_____ Size: _____ Color: _____

Beading Needles:

Type:_____ Size: _____
Type:_____ Size: _____
Type:_____ Size: _____

Findings & Other Materials: (Jump Rings, Clasps, Suede, Leather & More)

_____
_____
_____
_____
_____

Project Title:_____ Theme:_____

Outside   Inside

Materials List

Project Title:_____

Start Date:_____ Finish Date: _____

Seed Beads:

Weight:_____ Size: _____ Bead Type: _____
Weight:_____ Size: _____ Bead Type: _____
Weight:_____ Size: _____ Bead Type: _____
Weight:_____ Size: _____ Bead Type: _____
Weight:_____ Size: _____ Bead Type: _____

Other Beads:

Weight:_____ Size: _____ Bead Type: _____
Weight:_____ Size: _____ Bead Type: _____
Weight:_____ Size: _____ Bead Type: _____

Thread:

Type:_____ Size: _____ Color: _____
Type:_____ Size: _____ Color: _____
Type:_____ Size: _____ Color: _____

Beading Needles:

Type:_____ Size: _____
Type:_____ Size: _____
Type:_____ Size: _____

Findings & Other Materials: (Jump Rings, Clasps, Suede, Leather & More)

_____
_____
_____
_____
_____

Project Title:_____ Theme:_____

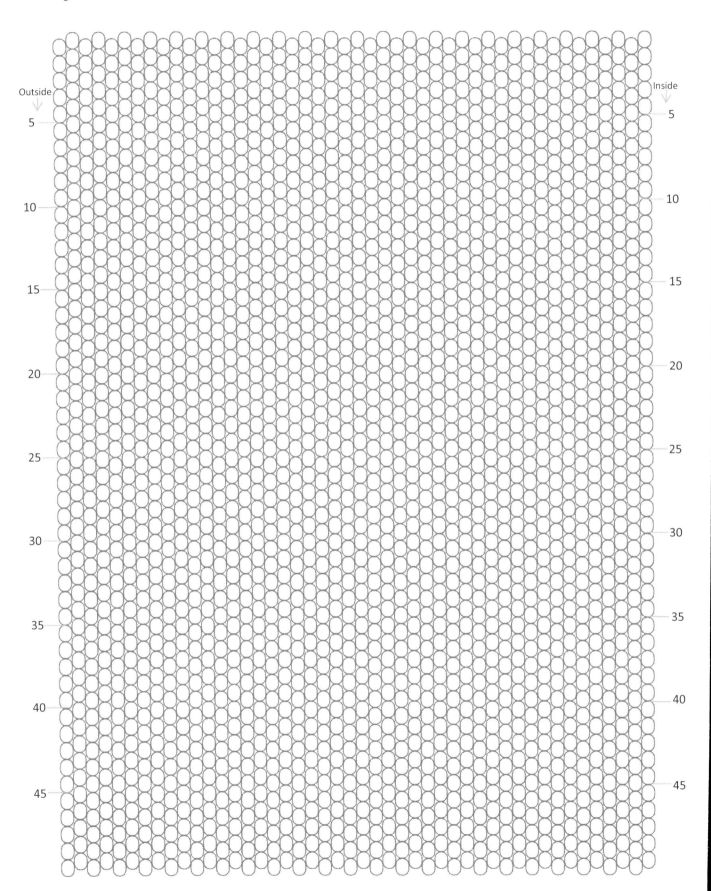

Materials List

Project Title:_____

Start Date:_____ Finish Date:_____

Seed Beads:

Weight:_____ Size: _____ Bead Type: _____
Weight:_____ Size: _____ Bead Type: _____
Weight:_____ Size: _____ Bead Type: _____
Weight:_____ Size: _____ Bead Type: _____
Weight:_____ Size: _____ Bead Type: _____

Other Beads:

Weight:_____ Size: _____ Bead Type: _____
Weight:_____ Size: _____ Bead Type: _____
Weight:_____ Size: _____ Bead Type: _____

Thread:

Type:_____ Size: _____ Color: _____
Type:_____ Size: _____ Color: _____
Type:_____ Size: _____ Color: _____

Beading Needles:

Type:_____ Size: _____
Type:_____ Size: _____
Type:_____ Size: _____

Findings & Other Materials: (Jump Rings, Clasps, Suede, Leather & More)

_____
_____
_____
_____
_____

Project Title:_____ Theme:_____

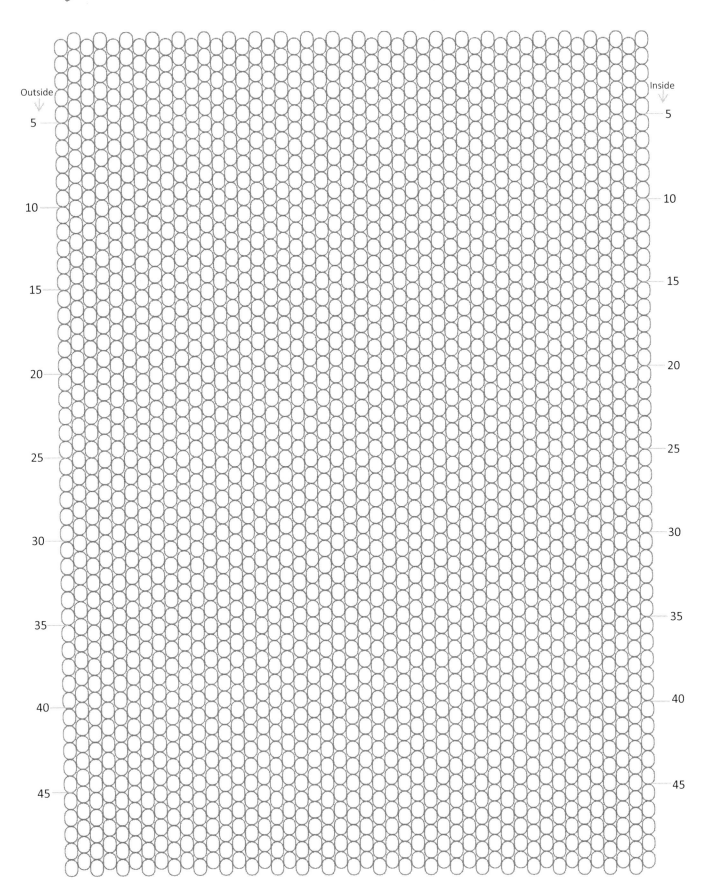

Made in the USA
Columbia, SC
22 November 2024

47297073R00059